보드리야르의『소비의 사회』읽기

세창명저산책_061

보드리야르의 『소비의 사회』 읽기

초판 1쇄 인쇄 2018년 12월 3일
초판 1쇄 발행 2018년 12월 10일
_

지은이 배영달
펴낸이 이방원
기획위원 원당희
편 집 홍순용·김명희·안효희·강윤경·윤원진
디자인 손경화·박혜옥 **영 업** 최성수 **마케팅** 이미선
_

펴낸곳 세창미디어
출판신고 2013년 1월 4일 제312-2013-000002호
주소 03735 서울시 서대문구 경기대로 88 냉천빌딩 4층
전화 02-723-8660 **팩스** 02-720-4579
이메일 edit@sechangpub.co.kr **홈페이지** http://www.sechangpub.co.kr/
_

ISBN 978-89-5586-546-2 02330

이 도서의 국립중앙도서관 출판시도서목록(CIP)은 서지정보유통지원시스템 홈페이지(http://seoji.nl.go.kr)와
국가자료공동목록시스템(http://www.nl.go.kr/kolisnet)에서 이용하실 수 있습니다. CIP제어번호: CIP2018038578

_ 이미지 출처: https://commons.wikimedia.org/wiki/File:WikipediaBaudrillard20040612.jpg(Author: Europeangraduateschool)

세창명저산책_061

Jean
BAUDRILLARD

배영달 지음

보드리야르의 『소비의 사회』 읽기

세창미디어
MEDIA

머리말

세계를 바라보는 관점을 바꾸는 데는 상상력이 필요하다. 다시 말해서 인간이 자신의 세계관을 가질 수 있는 것은 오직 자신의 관점을 근본적으로 변화시킬 수 있는 상상력을 지닐 때이다. 인간이 이런 상상력을 지닐 때 세계는 새롭게 발견될 수 있다.

인간의 사유 자체는 이런 과정을 지니고 때로는 비약, 변화, 잠재적 발전을 나타내야 할 듯하다. 반성적이고 비판적인 사유를 거부하고 아이러니컬하고 역설적인 사유를 지향하는 보드리야르. 그는 독특한 이론적 상상력을 펼쳐 보인 사상가이다. 이론문화의 본질이기도 하지만 이전의 역사와 삶의 영역에 속하는 반성적이고 비판적인 사유를 넘어서기를 요청하는 보드리야르. 그의 입장에서는 이런 사유의 차원이 기만적인 것으로 보일 수 있기 때문이다.

오늘날 과잉의 사건, 과잉의 매체, 과잉의 정보, 과잉의 의사소통 가운데 극단을 넘어서는 것은 역설적인 상태로 들어가는 것인데, 이때 역설적인 상태는 기성의 가치 회복에 만족하지 않고 역설적인 사유를 필요로 한다고 보드리야르는 말한다. 보드리야르에게 역설적인 사유는 곧 급진적인 사유를 의미하며, 사유의 급진성이란 사태의 본질을 파악하고 현실을 의심하면서 현실의 다른 쪽을 뛰어넘는 것이다. 이렇게 해서 보드리야르가 말하는 '사유의 아이러니'가 생겨난다.

보드리야르의 '사유의 아이러니'는 사회학과 철학의 경계를 넘나들며 현대세계의 새로운 현상을 포착하여 이 '새로움'에 천착하려고 하는 그의 지적 작업에서 잘 드러난다. 여기서 표현된 '새로움'이란 바로 '현대성'을 나타내는데, 보드리야르는 이 현대성에 대한 뛰어난 해석을 가한다. 오늘날 현대성 탐구를 통해 현대문화 이론, 현대예술과 미학, 문화생산 영역을 이해하려는 독자라면, 아이러니컬하고 도발적인 글쓰기로 독창적인 이론을 구축한 보드리야르의 저서를 읽을 필요가 있을 것이다.

보드리야르의 여러 저서 중에서 제일 먼저 읽어야 할 책으로, 나는 독자에게 『소비의 사회』를 권한다. 『소비의 사회』는 보드리야르의 지적 작업에서 논의될 전체적인 '이론적 구상'이 담겨 있는 중요한 책이다. 『소비의 사회』를 읽는 데 가장 도움이 되는 저서로는 『사물의 체계』와 『기호의 정치경제학 비판을 위하여』를 들 수 있다. 보드리야르의 초기의 이 세 저서는 그의 사유세계에서 상당히 중심적인 자리를 차지하며 직접적으로든 간접적으로든 연결되어 있기 때문이다.

『사물의 체계』는 보드리야르 작업의 출발점으로 그의 사유세계의 얼개를 이룬다. 이 텍스트에서 보드리야르는 기술의 변화가 초래하는 '새로운 환경', '일상생활의 새로운 장', '하이퍼문명의 새로운 형태'를 다채롭게 기술한다. 다시 말해서 현대성의 영향으로 인한 소비사회와 사물의 체계, 기호와 코드를 이야기한다. 여기에 덧붙여 포화상태에 도달한 사물의 증식으로 인한 '사물의 지배'를 다루면서 소비사회에서 사물의 새로운 의미를 제시한다. 이때 사물의 새로운 의미란 '사물의 의미와 지위 변화'를 뜻하는데, 이는 보드리야르가 주장하는 사물과 주체 간의 변증법적 관계의

'역전'을 나타낸다. 이런 역전 상황은 곧 역설적인 상태로 들어가는 것인데, 간단히 말하면 사물이 주체를 압도하고 지배하는 것이다. 보드리야르는 이를 '사물의 승리'라 부른다. 바로 여기서 보드리야르의 역설적 사유가 탄생한다고 할 수 있다.

『사물의 체계』에서 눈여겨봐야 할 중요한 것은 책의 결론 부문에 해당하는 「소비의 정의를 향하여」이다. 여기서 보드리야르는 현대사회에서 소비라는 말의 사용이 정당화되는 것은, 사람들이 보다 잘 그리고 더 많이 먹고 있기 때문이 아니라 더 많은 '이미지'와 '메시지'를 흡수하기 때문이라고 강조한다. 사물의 풍부함과 욕구의 충족은 소비의 전제조건에 불과하며 소비 개념을 정의하는 데 충분하지 않다는 것이다. 보드리야르는 '소비란 기호를 체계적으로 조작하는 활동'이라고 정의한다.

보드리야르의 『소비의 사회』는 『사물의 체계』에서 논의된 소비사회와 사물의 체계, 기호의 소비, 소비의 정의에 근거하고 있는 까닭에 『사물의 체계』의 논리적 연장선상에 놓여 있다고 할 수 있다. 『소비의 사회』는 사물을 둘러싼 소비가 어떻게 현대 소비사회의 새로운 신화가 되었는지를 보여 준다. 보드리야르는 현대사회를 소비사회로 규정하고, 소비사회의 새로운 현상을 분석하고 탐구한다.

이러한 분석과 탐구의 과정에서 소비사회의 논리를, 이를테면 인간이 일상생활을 구성하는 사물과 기호의 체계에 관련하는 방식을 읽어 낸다. 사물과 기호의 체계를 출발점으로 삼아 소비사회와 사물의 황홀경, 소비와 사회적 차이화의 논리, 이미지의 소비뿐 아니라 대중매체의 조작과 지배력, 소비사회와 시뮬라시옹의 도래를 밝혀내는 셈이다. 요컨대 소비사회의 본질을 통찰하는 소비 이론, 대중매체 이론, 시뮬라시옹 이론의 토대를 구축하는 셈이다. 바로 여기에 보드리야르의 독창성과 혜안이 있다고 여겨진다. 보드리야르가 『소비의 사회』를 통해 일상생활과 현대성에 대한 새로운 사유, 새로운 생활의 영역을 확립했다는 평가 또한 여기에 연원을 두고 있을 것이다.

물론 『소비의 사회』에는 소비사회의 이론가들, 즉 대니얼 부어스틴, 기 드보르, 앙리 르페브르, 마셜 매클루언, 데이비드 리스먼, 소스타인 베블런, 밴스 패커드 등의 영향을 받은 흔적이 엿보인다.

그러나 보드리야르는 이들의 영향을 벗어나 독자적인 소비 이론을 구축해 나간다. 보드리야르는 소비사회에서 인간의 존재는 인간성보다 다른 근거로 가치가 매겨진다고 강조한다. 광고, 기호와 이미지, 환상 등을 통해 인간의 존재가 일상적으로 맞닥뜨려야 하는 사물의 정글, 즉 '사물의 황홀경'은 바로 소비사회의 산물이다. 이 '사물의 황홀경'에 직면하여 인간은 사물을 어떻게 소비하는 것일까? 보드리야르의 견해로, 사물의 소비란 사물 그 자체의 소비가 아니라 사물에 담겨 있는 기호, 이미지를 소비하는 것이다.

여기에는 분명 광고와 대중매체가 개입한다. 이때 광고와 대중매체는 소비와 사회적 차이화의 논리를 만들어 낸다. 예를 들어 광고는 소비자에게 자신을 남과 구별짓는, 곧 차이를 만들어 내는 기호(이미지)로서의 사물을 소비하라고 명령한다. "당신의 일상에 차이를 만듭니다"라는 광고를 떠올려 보라. 기호로서의 사물은 자신을 돋보이게 하는 동시에 사회적 지위 등을 나타내는 것이다. 이때 기호로서의 사물은 명품, 고급 브랜드 상품을 가리킨다. 최근 MBN

뉴스 보도자료(2018.10.1)에 따르면 대한민국 명품 가방 시장규모가 세계 4위라는 통계가 나 있다. 이는 대한민국 사회에서 여전히 명품이 선호되고 있는 양상임을 보여 준다.

여기서 주목해야 할 것은 개성을 창출하는 명품의 기호(이미지)가 '비본질적인 것', '부차적인 특성'이라는 점이다. 그런데도 이 점을, 소비자는 망각하고 있다. 왜 명품이나 고급 브랜드 상품을 선호하는 경향이 존속하는 것일까? 광고와 대중매체가 생산해 내는 추상적 표피인 '이미지'가 깊이의 본질인 '실재'를 압도하기 때문이다. 요즘 유튜브, 페이스북, 인스타그램, 홈쇼핑 등에서 범람하는 이미지들은 이런 현상을 잘 반영하는 듯하다. 한마디로 이미지 세상이다. 사물의 본질보다 사물의 껍데기인 허상, 즉 이미지를 좋아하는 세상이다.

그러므로 현대 소비사회에서 소비는 어떤 측면에서 이미지의 소비, 기호의 소비이며, 현대인들은 이미지와 기호가 만들어 내는 가치, 즉 이미지 가치와 기호 가치의 창출에 나선다고 할 수 있다. 이것이 바로 『소비의 사회』에서 보드리야르가 제시하는 소비 이론의 핵심을 이룬다.

요즘 "브랜드 시대는 끝났다"고들 한다. 과연 그러할까? 현대의 소비자들이 여전히 브랜드 상품을 만들어 내는 기술문화를 즐기고 이 기술문화에 매혹되고 있는데도 말이다. 자신의 욕망을 쥐락펴락하는 강력한 힘을 지닌 기술문화 트렌드에, 소비자들이 저항할 수 있을까? 기술문화는 광고와 대중매체에 힘입어 새로운 유행과 트렌드를 이끌어 가고 끊임없이 소비자들을 현혹한다. 이로써 소비자들은 대개의 경우 광고와 대중매체가 조작하고 연출하는 브랜드 상품을 소비할 수밖에 없는 상황에 놓여 있는 듯하다.

보드리야르의 소비 이론은 이렇게 기술문화가 낳은 대중 매체와 시뮬라시옹 현상에 직접적으로 연결되고 있다. 『소비의 사회』는 대중매체가 현대 소비사회에서 일반화되면서 소비자의 일상생활과 소비에 미치는 영향력과 파급효과를 암시한다. 말하자면 대중매체가 일상생활 속에 스며들면서 현실세계를 조작하고 왜곡한다는 것이다. 이때 '조작'과 '왜곡'이란 가짜 현실을 만들어 내어 현실세계의 실재성을 사라지게 하는 것이다.

『소비의 사회』에서 제시되는 중요한 관건은 대중매체의

영향력이 확대될수록 이미지와 기호 그리고 매체의 기술적 조작에 근거하는 네오리얼리티, 즉 하이퍼리얼리티(초과실재)가 도처에서 현실이나 실재를 대체한다는 것이다. 이는 바로 '현실보다 더 현실적이고 실재보다 더 실재적인' 하이퍼리얼리티를 만들어 내는 '시뮬라시옹 과정'이다. 『소비의 사회』에서 보드리야르는 이 시뮬라시옹 과정이 현대세계 일상생활의 모든 영역에서 진행되고 있다고 진단한다. 보드리야르는 이 시뮬라시옹 과정을 통해 이 실재세계의 존재론적 운명을 통찰한다. **"실재가 기호와 이미지의 안개 속으로 사라진다"**는 보드리야르의 유명한 명제는 대중매체에 의해 실재의 세계가 소멸된다는 점을 함축적으로 표현하는 것이다.

그러면 대중매체가 범람하는 현대 소비사회에서 우리가 보는 것은 진짜(실재)인가? 우리는 진짜(실재)를 소비하고 있는가?라는 근본적인 물음이 제기될 수 있다. 『소비의 사회』는 이러한 물음에 대한 하나의 해결책을 제시하고 있는 책이다. 말하자면 실재를 사라지게 하는 광고와 대중매체의 지배력 아래 브랜드의 기호와 이미지만을 좇고 있는 현대의 소비자들에게 경종을 울릴 수 있는 책이다.

물론 『소비의 사회』에서 논의되고 있는 소비 이론, 대중 매체 이론과 시뮬라시옹 이론이 현대 소비사회의 모든 현상을 분석하는 데 적합한 이론인지에 대해서는 다소 이론의 여지가 있을 수 있다. 가령 최근 우리 사회에는 **욜로와 소확행** 같은 소비 트렌드, '가성비에 가심비를 더하는 **플라시보 소비**'가 유행하고 있다. 최근의 이런 소비 트렌드에 비추어 볼 때, 『소비의 사회』는 소비자의 욕구가 다양하게 분출되고 있는 이 시대에 부응하는 소비 이론을 제시하지 못한다는 비판을 받을 수도 있다. 그러나 우리 사회에서 이미지와 영상을 좋아하고 명품이나 브랜드 상품을 선호하는 경향이 존속하는 한, 보드리야르 이론은 여전히 유효하다고 여겨진다.

어떤 이론이든 간에, 이론은 어느 특정한 시대 상황에 적용될 수도 있지만 어떤 한계에 부딪칠 수도 있다. 이 책은 이런 점을 고려하면서 독자들이 『소비의 사회』를 읽는 것을 돕기 위해 펴낸다. 보드리야르의 사유와 이론을 형성하는 초기의 저서들을 오랜 기간에 걸쳐 탐구하는 과정에서 제기된 문제를 토대로 분석과 비판을 종합적으로 검토하면서 책을 썼다.

　이 책은 보드리야르의 사유와 이론을 다섯 개의 장으로 나누어 살펴본다. 각 장의 항목들은 독립적으로 배열되고 구성되어 있지만, 그 내용은 전반적으로 유기적 연관성을 갖는다.

　우선 첫 장은 보드리야르의 사유와 이론을 형성하는 핵심적 개념들인 소비, 사물, 기호, 이미지, 시뮬라시옹이 현대 소비사회의 문화 변동에 미치는 영향력에 대한 논의를 다룬다. 이어서 2장에서는 소비사회에서 사물의 황홀경 현상을 다루면서 왜 소비는 기호와 이미지의 소비인지, 왜 기호와 이미지가 지배하는지, 왜 소비를 사회적 차이화의 논리로 파악해야 하는지 논의한다. 이런 과정에서 소비사회와 소비를 둘러싼 이론적 논의에 새로운 의미를 부여할 가능성은 있는지 살펴본다.

　3장에서는 보드리야르의 근본 사상을 엿볼 수 있는 대중매체와 광고가 어떻게 시뮬라시옹 과정과 시뮬라시옹 현상을 초래하는지 알아본다. 우선 실재가 이미지와 기호의 안개 속으로 사라지는 기술적 환경을 살펴보고, 시뮬라시옹 현상이 의사소통의 황홀경을 초래하여 의사소통을 사라지게 하는 이유를 따져 본다.

그다음으로 4장에서는 현대 소비사회에서 복제기술에 의한 문화의 소비는 어떻게 행해지고 있는가를 이야기하면서 소비의 예술인 팝아트에 대한 보드리야르의 논의를 다룬다. 이어서 팝아트를 포함한 현대예술이 왜 미적 가치를 평가할 수 없는 초미학에 이르는지 진단해 본다.

마지막 장에서는 보드리야르의 소비 이론이 오늘날의 사회에도 여전히 유효한지를 따져 보면서 가상의 공간에서 행해지는 비대면 소비를 어떻게 이해하는 것이 바람직한지를 검토한다.

| CONTENTS |

1. 본문에서 보드리야르의 저서를 인용할 때, 다음과 같이 약어로 표기
한다.(단 연도를 표기하지 않고 쪽수만 표기한다.)

   SO : Le système des objets, Gallimard, 1968.

   SC : La société de consommation, Denoël, 1970.

   CEPS : Pour une critique de l'économie politique du signe. Gallimard,
   1972.

   EM : L'Échange symbolique et la mort, Gallimard, 1976.

   SS : Simulacres et Simulation, Galilée, 1981.

   SF : Les Stratégies fatales, Grasset, 1983.

   ALM : L'autre par lui-même, Galilée, 1987.

   TM : La Transparence du Mal, Galilée, 1990.

   CP : Le crime parfait, Galilée, 1995.

   EI : L'Échange impossible, Galilée, 1999.

2. 인명, 작품명, 저서명, 개념어 등은 한글과 함께 해당 국가의 원어를
병기한다.

3. 외래어 표기는 현행 어문규정의 외래어 표기법을 따른다.

※ 이 책의 일부분은 저자가 발표한 「보드리야르의 초기 저서에 관한
연구」(프랑스문화연구 21집, 2010), 「보드리야르: 시뮬라크르라는 악마」
(한국프랑스학논집 80집, 2012), 「보드리야르의 의사소통이론에 관한 연
구」(한국프랑스학논집 82집,, 2013), 「보드리야르의 현대예술론에 관한
연구」(프랑스문화연구 30집, 2015)의 일부 내용을 책의 취지에 맞게 수
정 보완하고 다듬은 것임을 밝힌다.

1장
보드리야르의 사유와 이론

1. 보드리야르와 사유의 형성

사회학과 철학의 테두리 밖에 머물면서 어느 한 곳에 구속되기를 거부한 장 보드리야르Jean Baudrillard(1929~2007). 그는 현대 사상의 모든 경향과 유파를 벗어나 독자적인 자리를 확보한 사상가이자, 끊임없는 도전과 도발을 시도한 급진적인 이론가이다. '급진적 사유'를 통해 전통적인 사회문화 이론을 배격하는 독특한 글쓰기로 주목받았다. 철학·문화·사회 이론의 영역을 자유롭게 넘나드는 스타일로 인해 보드리야르의 글이 다채로우면서도 아이러니컬하고 도발적이기 때문이다.

　보드리야르의 글쓰기와 사유는 헤겔·마르크스·니체·하이데거·베냐민 등의 독일 사상가들의 영향이 엿보이며, 특히 1960년대의 프랑스에 출현한 어떤 유형의 '급진주의'에 깊은 영향을 받은 것으로 보인다. 당시의 급진주의자들은 새로운 비판 이론과 담론을 추구했는데, 보드리야르는 그들의 입장을 수용하면서 자신의 특유한 사유세계를 구축함으로써 프랑스 사상 운동에 없어서는 안 될 중요한 요소가 되었다. 이 시기에 그는 마르크스의 자본주의 비판을 '소비 사회'의 상품·패션·매체·광고·성 등과 연결함으로써 새로운 사회 조건과 상황에 비추어 마르크스 이론을 재구성하고 새로운 사회문화 이론을 구축하려고 했다. 이러한 관점에서 그의 초기 저서는 1960년대의 프랑스에 거세게 몰아친 신자본주의의 물결에 대한 반응이라고 해석할 수 있다. 보다 구체적으로 말하면 『사물의 체계』, 『소비의 사회』, 『기호의 정치경제학 비판을 위하여』, 『생산의 거울』은 네오 마르크스주의의 틀 속에서 기호학을 응용하여 소비사회의 일상생활과 일상성을 비판적으로 분석함과 동시에 생

20

산의 거울을 파괴했다.

　물론 이 초기 저서에서는 롤랑 바르트의 기호학 이론, 르페브르의 현대세계의 일상성, 드보르의 '스펙터클 사회' 이론과 상황주의자들의 영향이 엿보인다. 그러나 이후 보드리야르는 그들의 영향을 넘어서 성찰의 새로운 영역의 경계를 정하고 사유세계를 확장시켜 나갔다. 왜냐하면 그는 자신의 초기 저서에 미친 대부분의 중요한 영향에 맞서서 생각하고 그러한 영향을 거부하는 경향을 지녔기 때문이다.

2. 보드리야르의 사상과 이론

　보드리야르는 분명 기존의 이론에 끊임없이 도전하는 이론가이자 현대성에 대한 뛰어난 해석자이다. 그는 현대성 개념을 채택한 그 어떤 이론가나 사상가들보다 현대성 쪽으로 한층 더 나아가 있기 때문이다. 현대성에 천착하는 그의 문제의식은 따라서 전통적인 이론과 사유의 틀로는 설명되지 않는 현대성의 영역을 새로운 접근방식으로 분석해야 할 필요성과 관련이 있음을 알 수 있다.

가령 보드리야르는 현대 소비사회에서 사물의 매혹이 급속히 가속되고 주체가 '사물의 황홀경'에 더욱 더 빠져들고 유혹된다고 역설한다. 그의 관점에서 현대 소비사회는 사물이 도전하고 유혹하며 결국에는 우위를 점유하는 사회로 치닫고 있다. 사물의 힘이 맹위를 떨치는 것이다. 보드리야르는 사물이 포화상태에 도달하면서 이상증식하고 이상 발달하여 극단極端으로 나아가는 상태를 '사물의 황홀경'이라 했다. 이 사물의 황홀경 속에서 의식 있는 주체인 인간은 사물의 세계에 갇히게 된다. 말하자면 인간은 도처에 범람하는 사물에 매혹되어 사물을 소비하지 않고서는 살아갈 수 없게 된다는 것이다. 보드리야르는 이렇게 말한다. "예전에 주체가 사물의 세계 속에서 센세이션을 일으킬 수 있었다면, 오늘날 사물은 주체의 세계 속에서 센세이션을 일으킬 수 있을 것이다." 보드리야르의 이런 역설적인 사유는 자신의 아이러니컬한 사유세계를 구축하는 중요한 토대를 마련한다.

뿐만 아니라 그는 스크린을 통해 일종의 전자게임 형태로 제시된 1991년의 "걸프전쟁은 일어나지 않았다"는 도발적인 견해를 표명했으며, 9.11테러에 대해서는 "세계화가 자신과의 싸움을 시작했다"는 해석을 내놓기도 했다. 1980년 이후 그는 허무주의에 빠져들긴 했지만, 1990년대 중반 이후에는 '급진적 사유'를 통해 허무주의와 절망에 대항해 싸워야 한다고 주장했다. 특히 그는 1996년 「리베라시옹」지에 「예술의 음모」라는 평론을 발표하면서, "현대예술은 무가치하고 아주 무가치하다"는 담론을 착상해 내었는데, 그의 이러한 사유는 서구 지성계를 뒤흔들어 놓았다. 우리는 보드리야르의 이러한 급진적 사유를 통찰해야 한다.

우리는 때론 자신이 겪고 있는 극적이고 놀랄 만한 변화를 이해하는 데 도움을 줄 수 있는 새로운 이론과 사유가 필요하다. 어떤 측면에서 보드리야르는 '급진적 이론'과 '급진적 사유'로 현대의 이론을 좀 더 기름진 이론의 들판으로 이끌어 갔다고 여겨진다. 그는 이론의 바른길과 옆길을 통해 새로운 이론의 길을, 그리고 사유의 바른길과 옆길의 통해 새로운 사유의 길을 늘 모색하려고 했기 때문이다. 그에 의하면 "사유의 급진성은 사태의 근원에까지 이르는 것이며, 현실을 의심하고 현실을 갈고 닦으면서 현실의 다른 쪽을 뛰어넘는 것이다."

이렇게 '급진적 이론'과 '급진적 사유'를 지향한 보드리야르의 사상은 몇 가지 핵심적 개념으로 구성된다. 그것은 소비·사물·기호·이미지·시뮬라크르·시뮬라시옹·하이퍼리얼리티·내파 등인데, 이 개념들에는 결코 분리될 수 없는 상관관계가 있다. 대체로 텍스트에 따라 이 개념들 중에서 한 개념이 번갈아 가며 논의의 중심을 차지하고 있다.

물론 보드리야르 사상의 토대를 이루는 이 핵심적인 개념들을 이해하는 것만으로 보드리야르 사상 전체를 면밀히 파악할 수 있는 것은 아니다. 그는 세계 유수의 다양한 학술지와 웹진에 꾸준히 기고하는 등 글쓰기와 강연을 계속해 왔기 때문이다. 그러나 무엇보다도 '시뮬라시옹'과 '시뮬라시옹 모델'이 존재하는 현대 소비사회를 새롭게 조명한 『소비의 사회』, 『시뮬라크르와 시뮬라시옹』을 분석하는 일은 그의 사상을 이해하는 지름길이 될 수 있을 터이다. 사상가 보드리야르를 기억할 때 자연스럽게 머릿속에 떠오르는 것이 소비 이론, 대중매체 이론, 시뮬라시옹 이론이기 때문이다.

보드리야르의 소비 이론, 대중매체 이론, 시뮬라시옹 이론은 그의 여러 저서 『사물의 체계』, 『소비의 사회』, 『기호의 정치경제학 비판을 위하여』, 『상징적 교환과 죽음』, 『시뮬라크르와 시뮬라시옹』에서 논의의 중심축을 이룰 뿐 아니라 그밖의 다른 저서들 『숙명적 전략』, 『아메리카』, 『악의 투명성』, 『불가능한 교환』에서도 그 흔적을 남기고 있다.

현대 소비사회의 본질을 꿰뚫고 있는 그의 이러한 이론들은 현대사회를 '소비사회'로, 그리고 현대를 '시뮬라크르와 시뮬라시옹의 시대'로 독창적으로 해석하고 정의했다는 점에서 엄청난 영향력을 지닌다. 그의 탁월한 통찰력과 예리한 혜안이 전 세계의 지성계에 많은 반향을 일으켰기 때문이다. 사실 현대 이론에서 소비 이론, 대중매체 이론, 시뮬라시옹 이론에 관한 담론은 흔히 우리가 새로운 현대사회 혹은 새로운 패러다임 속에 살고 있다는 생각으로부터 파토스와 반향을 얻고 있다. 따라서 현대 소비사회에서 이러한 이론들은 성숙한 현대 이론의 핵심 요소인 듯하다. 보드리야르는 시뮬라시옹이 지배하는 현대 소비사회에서는

"기호와 이미지가 실재 속에 산다는 착각을 일으킨다"라고 주장했다. 이는 현대 소비사회에서 기호와 이미지가 실재를 대체하는 현상을 비판적으로 바라본 데서 연유한다.

오늘날 다양한 대중매체의 발달로 인해 텔레비전·컴퓨터·영화·사진 등의 기호와 이미지들이 넘쳐 나고 있고, 모든 것이 기호와 이미지의 형태를 띠는 것은 사실이다. 도처에 기호와 이미지의 이러한 범람은 보드리야르가 말하는 '사물의 황홀경'처럼 우리를 그것들의 황홀경에 빠져들게 한다. 따라서 그는 "실재가 기호와 이미지의 안개 속으로 사라진다"라는 유명한 명제를 남겼다.

보드리야르는 기호와 이미지가 실재를 대체하고 지배하는 상황을 통해 우리 시대의 징후를 읽은 것이다. 말하자면 대중매체를 비롯한 다양한 정보매체가 조직하는 상황에 주목하면서 그는 기호와 이미지의 시대를 미리 예상한 것이다.

보드리야르의 소비 이론, 대중매체 이론, 시뮬라시옹 이론은 따라서 현대성의 산물과 관련된 다양한 물음에 대한 적절한 대답을 제시할 수 있을 것 같다. 이러한 이론들이 우리의 현실을 이해하고 설명하는 동시에 우리의 미래를 모색하려는 우리 문화의 변동에 필요한 라이트모티브 leitmotiv가 되기 때문이다.

3. 보드리야르와 기술 문화

『소비의 사회』와 『기호의 정치경제학 비판을 위하여』가 태어난 1970년대와 『시뮬라크르와 시뮬라시옹』이 태어난 1980년대 초반에 대중매체는 현대세계의 일상생활에서 매우 중요한 역할과 기능을 담당하면서 현대 소비사회를 특이한 양상으로 발전시켜 왔다. 대중매체는 특히 '시뮬라시옹 과정'의 일반화에 기여하면서 새로운 의사소통과 정보의 확산을 초래했다. 이렇게 대중매체가 지배력을 지니게 된 것은 무엇보다 '기술technologie'의 발달에 힘입은 바가 크다. 이 시기의 현대 소비사회는 포화상태의 대중매체와 새로운 기술의 지배력 안으로 들어가면서 극적 변화와 전환의 과정을 거치게 된다.

이 새로운 변화 과정과 새로운 상황을 관찰했던 보드

리야르는 매체·컴퓨터·기술적 경험이라는 새로운 영역을 주목하게 된다. 말하자면 매체·컴퓨터·사이버네틱스 cybernétique의 확산과 더불어 유발되는 새로운 기술의 폭발이 보드리야르의 사유세계에 큰 영향을 미치게 된다. 『소비의 사회』에서 보드리야르는 매체와 사이버네틱스에서 사용되는 '시뮬라시옹 모델'에 비상한 관심을 표명한다(SC, 195). 이로써 보드리야르는 새로운 기술 환경을 만들어 내면서 현대세계의 일상생활에 지대한 영향을 미치는 사회문화적 요소와 형태를 탐구한다. 보드리야르가 보기에 새로운 기술은 현대 소비사회 속에 침투하면서 현대인의 삶과 문화 형태를 완전히 바꾸어 놓는다는 것이다.

보드리야르의 시각에서 유일하고 확실한 가치인 기술의 진보와 더불어 새로운 기술 시대가 열리고 있는 것이다. 보드리야르는 이제 "새로운 기술은 우리의 시대를 조직하고 있으며, 나아가 우리의 환경이 되고 있다"라고 강조한다. 현대인의 일상생활은 텔레비전, 컴퓨터, 사이버네틱스, 하이퍼리얼리티 등이 주조해 놓은 새로운 기술 환경 속에 빠져들고 있다는 것이다. 여기서 주목할 만한 것은 새로운 기술이 사회문화 변동의 핵심 역할을 하고 있으며, 그 변동과 더불어 일상생활과 대중문화 내부에 큰 변화를 일으키고 있다는 점이다. 더욱이 새로운 기술이 사물의 산업적 대량 생산과 사물의 포화상태를 초래함으로써 사회문화 환경은 점점 더 인공적인 것이 되며, 경험은 기술에 의해 매개된다는 점이다.

가령 시뮬라시옹 모델을 산출해 내는 사이버네틱스는 새로운 경험 영역에 대한 접근을 허용하고, 개인의 존재는 특이하고 새로운 기술의 세계 안으로 들어간다. 이는 바로 1970년대와 1980년대 초반에 보드리야르가 묘사한 현대 소비사회의 기묘한 풍경이다. 이 시기에 쓰인 텍스트들에서 보드리야르는 시뮬라시옹 현상을 나타내는 매체·정보·의사소통의 황홀경을 탐구했다. 따라서 보드리야르는 사회문화 변동과 그에 따른 현상을 야기하는 새로운 기술세계를 전망하는 예언자인 듯했다.

이 대목에서 보드리야르는 새로운 기술은 인간을 변화시킬 수 있으며, 대중매체·정보·의사소통은 실재를 사라지게 한다고 강조한다. 여기에 덧붙여 보드리야르는 새로운 기술세계에서 실재, 주체성, 인간의 본성에 대한 근본적인 물음이 제기될 수 있다고 지적한다. 기술의 발달과 더불어 인간과 기술의 경계가 모호해지는 상황에서 진정으로 인간적인 것이란 무엇인가? 보드리야르의 표현대로 그렇게 "엄청난 시뮬라시옹"이 가능하다면 '실재'란 무엇인가? 현대 소비사회의 침식 작용 속에서 '실재'의 상태는 어떠하며 그 결과는 무엇인가?

이러한 물음에 대해 깊이 숙고하면서 기술과 관련하여 보드리야르는 '기술이 지배하고 주체가 사라지는 미래'를 예상하는 듯하다. 보드리야르는 사이버네틱스 시스템을 기술하지만 그것을 통제하는 사회집단이나 개인을 묘사하지는 않는다. 결국 보드리야르는 기술결정론을 수용한다. 그는 새로운 기술 질서를 묘사하는데, 이 질서 안에서 기술이 인간에게 명령을 부과하고 지배하면서 인간은 더 이상 자신이 만들어 낸 사물을 통제하지 못하는 듯하다. 오늘날 인터넷과 스마트폰 사용을 떠올려 보라. 따라서 '기술의 지배'라는 알레고리allégorie는 '주체의 소멸'과 '사물의 지배'라는 보드리야르의 전망을 구체화하고 있는 셈이다. 이것은

'실재의 소멸'과 '시뮬라시옹의 지배'에도 똑같이 적용된다고 할 수 있다.

이런 국면에서 보드리야르는 아이러니컬하게도 기술로부터 인간을 옹호하지 않는다. 오히려 기술이 사물과 지각의 세계를 변화시키고 인간의 인지능력을 객체화한다고 말한다. 보드리야르의 견해에 비추어 보면, 기술에 힘입어 모든 것은 주체로부터 사물로 이동하거나 미끄러져 가는 듯하다. 바로 이 지점에서 보드리야르는 기술의 도움 없이 인간은 세계를 사유할 수 있는가라고 반문한다. 보드리야르는 지능 있는 독창적인 기계인 컴퓨터는 "나는 정보이다. 모든 것은 정보이다"라는 사실 이외에는 아무것도 말하지 않는다고 단언한다. 컴퓨터의 엄청난 기억, 상상을 초월하는 데이터 능력을 무엇에, 누구에 비교할 수 있겠는가?

이런 상황을 인식한 보드리야르는 "우리의 모든 비판철학이 폭로하려고 애쓰는 '인간을 소외시키는 기술'에 대하여 우리의 판단을 재검토해야 한다"라고 주장한다. 요컨대 기술이 불가피하게 승리를 거두는 분야에 기술 자체가 침범해 들어가도록 내버려 두어야 한다는 것이다. 이는 어떻게 보면 사이버네틱스의 승리와 관련이 있다. 사이버네틱스란 컴퓨터, 새로운 기술과 가상현실을 결합한 것으로 시스템 유지와 통제의 전략을 보유하고 있는 하이테크 통제 시스템을 뜻한다. 보드리야르에 따르면 대중매체와 시뮬라시옹 과정이 지배하는 현대 소비사회에서 모든 시스템은 사이버네틱스의 통제를 벗어날 수 없다. 달리 말하면 대중매체와 기술의 지배력이 확산될수록, 인간은 기술과 융합되면서 새로운 환경에 적응할 수밖에 없다는 것이다.

현대성에 대한 뛰어난 해석자인 보드리야르는 그 누구보다 현대 소비사회의 이런 현상을 잘 파악했다. 그는 대중매체 시대, 시뮬라시옹 시대와 가까운 미래를 향한 사회문화 연구를 수행하면서 현대인이 겪고 있는 커다란 변화에 대한 예리한 통찰과 전망을 제공했다. 이로써 1970년대부터 1980년대 초반까지 대중매체 문화, 즉 기술 문화를 분석하고 탐구하는 탁월한 이론가가 되었다.

2장
소비사회와 이미지의 소비

1. 사유와 분석의 출발점: 『사물의 체계』

보드리야르가 현대철학과 기술문명 사이의 관계를 규명할 때 전면에 부각되는 주제는 '사물'의 개념이다. 그는 현대철학이 어떻게 사물에 대한 이해를 변화시켰으며, 어떻게 여기서부터 필연적으로 기술문명이 탄생하게 되었는가를 지속적으로 탐구했다. 사실 한 문명의 전체 위상은 사물의 존재 방식과 더불어 변화한다. 보드리야르는 문명 이해의 문제를 사물의 주제를 통해서 사유하고 탐구했는데, 그의 작업은 첫 번째 저서 『사물의 체계』에서 시작되어 그의 여러 텍스트에서 구체화되고 있다. 보드리야르의 상상력을 끊임없이 자극하고 그의 사유를 움직이게 한 것이 바로 사물이었기 때문이다.

현대인들은 일상생활에서 하루에 460가지 정도의 사물을 접하고 살아간다는 통계가 있다. 때론 '사물이란 무엇인가'라는 물음에 직면하기도 하고, 때론 사물을 재발견하려는 움직임을 목격하기도 한다. 현대사회의 일상생활에서 사물이 이토록 중요한 존재인데도, 현대인들은 무의식적으로 사물을 소비하는 경향이 있다. 그러면 사물이란 무엇인가? 사전적 정의에 따르면 사물은 '물질세계에 존재하는 구체적이고 개별적인 대상'을 뜻한다. 그러나 철학자나 사상가들에게 사물은 시대적 상황과 맥락에 따라 달리 정의될수 있다. 특히 현대사회의 문화현상을 깊이 파헤친 보드리야르의 시각에서 보면 사물은 일종의 수수께끼인 것처럼보인다. 그의 관점에서는 시대와 연결된 이유들이 있었다.말하자면 '생산의 우위'에서 '소비의 우위'로서의 이행이 사물을 가장 중요한 것으로 평가했기 때문이다.

그러나 진정 보드리야르의 관심을 끌었던 것은 자체 속

에서 만들어진 사물이 아니라, 사물이 만들어 내었던 기호의 체계이다. 보드리야르에게 소비사회는 사물의 체계 위에 걸쳐 있는 기호의 체계이다. 그러므로 『사물의 체계』에서 보드리야르는 인간이 일상생활을 구성하는 사물과 기호의 체계에 관련하는 방식과, 그러한 체계를 지배하거나 그것에 의해 지배되는 방식을 기술하려고 한다.

이 지점에서 보드리야르의 사유와 분석의 출발점이 되고 있는 사물의 체계가 무엇인지 파악해 보자. 어느 사회에서든 인간은 사물의 생산과 사용을 통해서 자신의 일상생활을 늘 조직하였다. 롤랑 바르트Roland Barthes처럼 보드리야르는 일상생활에서 흔히 볼 수 있는 사물을 늘 사유하고 탐색했는데, 각각의 사물을 체계로 보았다. 그가 보기에 각각의 사물은 의미작용을 하는 '시니피앙'인 동시에 '시니피에'이기 때문이다. 그의 이러한 사유와 분석을 뒷받침하는 『소비의 사회』의 다음 구절에서 사물의 의미를 곰곰이 새겨 볼 필요가 있다. "현대적 사물의 '진리'는 무엇에 쓰인다는 데 있는 것이 아니라 의미작용을 한다signifier는 데 있다"(SC, 180).

여기서 한 걸음 더 나아가 보드리야르는 현대적 사물의 체계가 이루는 특성을 파악하려고 한다. 그는 일상생활의 사물을 조직하는 구조를 분석하면서 사물의 새로운 세계를 탐색한다. 그는 기술문명에 따른 사물의 기능적·구조적 분석이 기술발전에 연결된 사회구조의 변화를 알려 주지만, 사물이 어떻게 존속하게 되는지, 사물이 기능적인 욕구 이외에 다른 어떤 욕구에 따르게 되는지, 사물의 일상성이 어떤 문화적 체계 위에서 이루어지는지를 규명하지 못한다고 지적한다. 이러한 문제들을, 보드리야르는 『사물의 체계』와 『소비의 사회』에서 밝히려고 시도한다.

이제 보드리야르의 지적대로 사물의 체계, 즉 사물이 확립하는 의미작용의 체계에 대한 분석은 기능적 묘사를 초월한 구조적 계획, 즉 기술적 계획을 전제해야 한다. 실제로 현대인은 사물의 기술적 현실로 이루어진 일상생활에서 무의식적으로 반응한다. 스마트폰을 작동시킬 때도 텔레비전을 켤 때도 무의식적인 행위를 보여 준다. "사물의 이러한 기술적 체계는 욕구와 가치의 주관적 체계에 비하면 본질적인 것"(SO, 9)이라고 보드리야르는 주장한다. 엄밀히 말해서 기술적 영역에서 사물에 도달하는 것은 본질적인 것으로, 욕구의 심리학적·사회학적 영역에서 사물에 도달하는 것은 비본질적인 것으로 간주된다.

이로써 사물은 욕구에 따라 구조화되지 않고 기술적 세계의 질서에 따라 체계화된다. 그리고 사물의 기술적 세계는 사물을 환경 속에 배열하고 새로운 분위기를 산출한다. 『사물의 체계』에서 '환경'과 '분위기'에 대해 이미 언급한 바 있는 보드리야르는 『소비의 사회』에서도 그 연장선상에서 다음과 같이 기술한다.

'환경'과 '분위기'라는 개념이 이토록 유행하게 된 것은 사실 우리가 다른 사람들 가까이에, 그들이 존재하고 의사소통하는 곳에 살기보다는 오히려 잘 작동하고 환각을 일으키는 사물의 무언의 시선 속에 살게 되었을 때부터이다(SC, 17-18).

보드리야르는 '환경'과 '분위기'를 '잘 작동하고 환각을 일으키는 사물'과 연결지어 설명함으로써, 이 사물이 새로운 환경에서 배태된 기술의 절대필요성을 수용할 수 밖에 없는 상황임을 강조한다. 말하자면 현대의 환경은 사물의 차원에서 사물의 기술적 조직을 통해 분위기를 바꾼다는 것이다.

보드리야르의 『사물의 체계』는 따라서 그 당시 프랑스에 유포되어 있던 '기술사회'의 이론과 밀접한 관련이 있는 것으로 여겨진다. 기술의 급속한 발전은 사회 발전의 원동력이 되었고, 그 결과는 소비사회의 신화를 낳았다. 이런 상황을 고려한 보드리야르의 분석은 소비사회에서 사물의 체계의 구조에 대한 면밀한 비판적 검토를 통해서 이루어졌기 때문에 기존의 분석들과는 구별되었다. 그는 다양한 사물을 둘러싼 소비사회의 신화에 대한 문화적 분석을 완성했다. 특히 소비·신용·광고가 생산의 윤리보다는 소비와 여가의 윤리에 근거를 둔 새로운 도덕을 산출한 방식에 대해, 그가 시도했던 분석은 매우 이채롭다. 이러한 분석은 사물의 체계에 내포된 주관적 투영과 반영에 대한 논의를 가능하게 하며, 소비사회에 대한 분석의 틀을 제공한다고 말할 수 있다.

2. 사물의 의미와 지위 변화

소비사회에서 사물의 체계와 사물의 소비 현상을 분석하는 과정에서 보드리야르는 기술 문명이 초래한 사물의 의미와 지위 변화에 주목하게 된다. 그는 사물의 존재와 의미를 규명하면서 주체와 사물의 관계가 역전되고 있음을 파악한다. 『사물의 체계』에서 그는 "예전에 주체가 사물에 자신의 리듬을 부과했다면, 오늘날에는 사물이 주체에게 자신의 불연속적인 리듬을 부과하게 될 것이다"(SO, 222-223)라고 말한다. 그리고 『소비의 사회』에서는 "우리는 사물의 시대를 살고 있다. 우리는 사물의 리듬에 맞추어서 사물의 끊임없는 연속에 따라 살고 있다"(SC, 18)라고 강조한다.

보드리야르는 분명 사물의 변화된 환경을 분석한다. 그가 보기에 현대인들은 사물의 연속적 사슬 혹은 사물의 소비라는 새로운 유형과 리듬에 따라 자신의 삶을 영위한다는 것이다. 문화적 사물인 "광고와 대중매체에서 나온 수많은 일상적 메시지에 들어 있는 사물 예찬의 계속되는 광경"(SC, 17)이 그의 이런 분석을 뒷받침한다.

보드리야르의 분석은 이 수준에 머물지 않는다. 아이러니컬한 양상을 띠면서 구체화된다. 그는 기술 문명이 낳은 소비사회에서 주체를 유혹하고 매혹하는 사물과 사물세계를 천착하고 사유하기에 이른다. 현대 소비사회는 물건을 하나씩 만들어 내는 사회가 아니다. 물건을 하나씩 만들어 내는 시대에는 모든 사물은 세상에 단 하나만 존재하는 유일한 물건이었다. 하지만 대량생산과 더불어 물건이 대량으로 소비되는 시대에는 사물의 개념 자체가 바뀐다. 이제 사물은 그것과 똑같은 다른 것들이 얼마든지 존재하는 어떤 것으로 간주된다. 대량생산되는 사물이 사물의 의미와 지위를 바꾸어 놓은 셈이다.

이 지점에서 후기 저서 『불가능한 교환*L'Échange impossible*』(1999)에서 보드리야르가 주장하는 '주체와 사물의 역전관계'를 다시 한 번 주목할 필요가 있다. 그는 "예전에 주체가 사물의 세계 속에서 센세이션을 일으킬 수 있었다면, 오늘날 사물은 주체의 세계 속에서 센세이션을 일으킬 수 있을 것"(*EI*, 36-37)이라고 단언한다. 그의 이런 주장은 이렇게 이해될 수 있을 것이다. 예전에 주체가 사물을 지배하고 압도했다면, 오늘날에는 사물이 주체를 지배하고 압도할 것이라고.

보드리야르는 한 걸음 더 나아가 '우리를 생각하는 것은 사물이다', '너를 보는 것은 텔레비전이다'라는 역설적인 가설을 내놓는다. 여기서 우리를 생각하는 것이 사물이라는 것을 우선 생각한다면, 사물을 조정하는 것은 분명 우리의 사유일 것이다. 그리고 텔레비전을 보는 것은 너가 아니라 너를 보는 것이 텔레비전이라는 것이다. 말하자면 텔레비전이라는 사물은 너에게 '나를 봐, 스크린을 봐'라며 말을 건넨다.

우리는 의식적으로 텔레비전을 보겠다고 결정하지 않는다. 우리는 일종의 매혹과 현기증에 의해 텔레비전을 본다. 스크린이라는 기계가 정보와 의사소통의 실제 차원이 아니라는 생각이 든다. 기술을 통해 우리에게 제공되는 것은 스크린의 이미지인데, 우리는 그 이미지 속으로 빠져든다. 말하자면 우리는 스크린의 이미지를 가로질러 순환하면서 정보와 의사소통의 황홀경 속으로 빨려들어 간다. 좀 더 자세히 살펴보면 텔레비전이라는 대중매체가 우리에게 제공하는 정보와 의사소통은 현실 그 자체가 아니라 현실의 현기증이며, 곧 소비 대상이 된다. 『소비의 사회』에서 보드리야르는 대중매체가 초래하는 사물의 이런 소비 현상과 관련하여 다음과 같이 기술한다.

어떻게 해서든 이미지와 정보에 의해 일반화된 소비는 '현실을 현실의 기호 속으로 쫓아 버리는 것'을 목적으로 한다. … 정말 이미지로 표현되고 소비되는 것은 우리의 환상이라고 말할 수 있다(SC, 30-31).

오늘날 우리가 텔레비전·컴퓨터·스마트폰에서 보는 것은 현실보다 더 현실적인 것, 즉 환상인데, 이제 텔레비전·컴퓨터·스마트폰 없는 세상은 상상조차 할 수 없을 정도이다. 그만큼 우리는 텔레비전·컴퓨터·스마트폰에 매혹되고 유혹되고 있다. 특히 스마트폰이 없다면 우리가 기억하고 계산하고 정보를 교환하고 의사소통하는 것은 거의 불가능해 보인다. 우리는 무의식적으로 혹은 무의지적으로 스마트폰을 켠다. 보드리야르의 말대로 스마트폰을 켜는 것은 너가 아니라 스마트폰이라는 사물이 나를 켜 보라고 말을 건네기 때문이다. 스마트폰 사용에 의한 과잉의 정보와 의사소통이 정보와 의사소통의 부재, 혹은 정보와 의사소통의 황홀경을 초래하고 있지는 않는가? 이 대목에서 우리 사회에 만연해 있는 가짜 뉴스와 스팸 메일, 보이스피싱 등을 떠올려 보자.

한때 인구에 회자되었던 스마트폰 아일랜드족이라는 표현도 보드리야르의 견해를 다소 반영하는 듯하다. 예를 들어 사람들이 친구를 오랜만에 만나고서는 처음에 근황을 묻다가 조금 지나면 각자 자기 스마트폰을 확인한다는 것이다. 함께 있지만 함께 있지 않는 것 같은, 다시 말해서 연결되고 있지만 연결되지 않는 것 같은 상황이 연출된다는 것이다. 이런 현상은 '초연결 사회의 아이러니'를 보여 주긴 하지만 우리의 일상생활에 깊숙이 관련되어 있다. 미국의 10대들은 월 3천 개의 문자 메시지를 보낸다는 통계가 이미 나와 있다. 만약 스마트폰이 먹통이라면, 그들은 사회적으로 고립되어 있다고 느낄 것이다. 이게 바로 '노 모 포비아No mo(bile) phobia' 현상이다. 달리 말하면 정보와 의사소통의 부재와 착란에 연결되는 매혹과 현기증의 상태이다.

이렇게 사물이 주체를 유혹하고 압도하고 지배하는 상황에서, 보드리야르가 앞서 제시한 역설적인 가설은 오늘날의 '사물의 의미와 지위변화'를 이해하는 데에 있어서 어느 정도 설득력이 있는 듯하다. 개인이나 대중이 의식 있는 주체, 반성적이고 비판적인 주체가 되지 않으면 사물화, 곧 물신숭배fétichisme의 덫에 갇힐 수 있음을 인식할 필요가 있다.

3. 소비사회와 사물의 황홀경

보드리야르는 소비사회의 특징 중 하나는 '사물의 소비'와 '풍부함'이라고 기술한다. 사물의 소비와 풍부함으로 인해 소비사회가 근본적인 변화를 겪고 있다는 것이다. "통조림·의류·식품·기성복으로 화려하게 장식된 백화점은 풍부함의 일차적인 풍경이며 기하학적인 장소이다. … 시장·상점가·슈퍼마켓은 놀랄 만큼 풍부한, 재발견된 자연을 흉내 낸다"(SC, 19). 좀 더 자세히 설명해 보자면 "사물이 충분하게 있는 것이 아니라 너무도 많이 있으며, 더욱이 모든 사람을 위해 너무도 많이 있다고 하는 강렬한 기대가 그곳에 있다"(SC, 19)는 사실이다.

이런 상황을 면밀히 검토한 후, 보드리야르는 소비사회에서 사물은 **균형**을 향해 나아가는 것이 아니라 **극단**을 향해 나아가고 있다고 생각한다. 그의 이런 생각은 사물이 논리적으로 발전하지 않고 오로지 무질서하게 혹은 되는대로 발전하는 경향을 지니는 데서 연유한다.

그리하여 『소비의 사회』에서 보드리야르는 사물이 경계와 한계를 넘어서 증식하고 확장되는 것을 분석한다.

엄청난 수, 쓸데없는 장식, 불필요한 것, 지나친 형태, 유행의 영향, 무조건적인 기능을 넘어선 모든 것을 통해 사물은 여전히 사회적 본질을 흉내 내고 있다(SC, 77).

요컨대 사물이 현기증이 날 정도로 지나치게 증대하는 현상이다. 이는 바로 현대인들이 황홀경의 형태에 직면하고 있음을 나타낸다. 예를 들어 패션의 황홀경, 광고의 황홀경, 매체의 황홀경, 정보의 황홀경, 의사소통의 황홀경,

이미지와 기호의 황홀경 등에 빠져들고 있다. 보드리야르의 사유세계에서 상품·패션·광고·매체·정보·의사소통 등은 인간을 유혹하고 압도하고 지배하는 사물들이다.

그러면 오늘날 이 사물들은 어떤 양상을 띠고 어떤 방향으로 나아가는가? 1장에서 말한 것처럼 도처에 사물이 범람하고 포화상태에 이르기 때문에 이상 증식하고 이상 발달하여 극단으로 나아간다. 보드리야르는 이것을 '사물의 황홀경extase de l'objet'이라고 했다.

보드리야르는 사물과 관련하여 황홀경을 다음과 같이 설명한다. "황홀경은 의미를 상실하기에 이르기까지 자기 주위를 맴돌며 자신의 순전히 공허한 형태 속에서 빛나는 모든 사물에 고유한 특성이다"(SF, 12). 보드리야르가 보기에 현대 소비사회의 사물은 대개의 경우 이런 황홀경의 양상을 지닌다.

가령 패션은 아름다운 것보다 더 아름다운 것, 즉 아름다운 것의 황홀경이자 소용돌이치는 미학의 순전히 공허한 형태이다. 청바지를 예로 들어 보자. 노동자의 작업복에서 시작된 청바지는 상품이 이미지로 생산되고, 이미지가 상품으로 생산되는 소비의 이데올로기 속에서 패션의 주기와 스타일에 따라 다양한 형태로 변모해 왔다. 최근의 청바지 패션은 청바지의 기능을 넘어 해체된 형태로 보드리야르의 말처럼 아름다움의 사라짐을 초래하는 아름다움의 황홀경을 연출한다. 요즘 유행하는 찢어진 청바지를 떠올려 보라. 문화적 사물인 광고는 상표의 순전히 공허한 형태 속에서 물질적 가치인 사용가치와 교환가치가 완전히 폐기될 때까지 소용돌이치는, 말하자면 문화적 가치인 기호 가치·이미지 가치를 표현하는 상품의 황홀경이다.

이런 관점에서 현대 소비사회에서 사물은 자체의 한계를 넘어서고 위반하고 있다. 사물은 기이하게 발달하고 증식하고 확장하는 것처럼 보인다. 사물은 글자 그대로 극단적이 되고 있다.

이런 상황 아래서는 사물세계에 대한 새로운 관계가 형성되는데, 이는 사물의 특성을 극단화하는 미묘한 형태로 나타난다. 진짜와 가짜는 구별되지 않고, 진짜보다 더 진짜 같은 가짜, 가짜보다 더 가짜가 추구된다. 이러한 결과는 소용돌이를 벗어나면 실재보다 더 실재적인 실재, 즉 초과실재로 예증되는 매혹적인 것을 만들어 낸다. 이것은 극단과 극치의 '소용돌이'다.

현대인들의 일상생활에서 이런 소용돌이는 쉽게 발견된다. 대니얼 부어스틴Daniel Boorstin이 『이미지L'Image』에서 서술하듯이 현대인들은 "가짜 사건, 가짜 역사, 가짜 문화의 세계 속으로 들어간다"(SC, 194). 그들이 할 수 있는 성형·화장·헤어스타일·헬스·포토샵은 더 높은 수준처럼 보이고 배가되고 강화된 초과실재의 형태들, 즉 조작되고 연출되거나 편집된 초과실재의 형태들이다. 한마디로 말해서 이미지 개선과 개조의 형태들이다. 이 형태들이 바로 통제되지 않는 이상 발달과 이상 성장, 복제의 소용돌이 속에서 만들어지는 황홀경이다. 이런 현상은 무엇보다 이미지가 소비사회에 침투하여 실재를 대신하면서 현대인의 일상생활을 지배하는 것과 밀접한 관련이 있다고 여겨진다.

4. 소비사회와 소비 개념

소비사회는 풍요사회다. 풍요사회는 인간을 새롭게 변모

시킨다. 인간은 "사물·서비스·물적 재화의 증가로 이루어진 소비와 풍요"를 통해서 "다른 사람들에 의해 둘러싸여 있기보다는" 오히려 넘쳐 나는 "사물들에 둘러싸여 있다"고 보드리야르는 말한다(SC, 17). 소비의 사물이 도처에 범람하기 때문에, 보드리야르는 일상생활은 다른 사람과의 사회적 상호작용에 의해서보다는 사물과의 상호작용에 의해 결정된다고 암시한다.

보드리야르의 이런 진단은 오늘날 스마트폰·(사물)인터넷과 같은 인간과 사물간의 연결성, 즉 비대면 소통을 미리 예상하고 있다. 이것이 바로 일상생활을 전면적으로 구조화하는 새로운 소비 현상인데, 쇼윈도, 쇼핑몰, 쇼룸, 항공권, 신용카드, 영화, 식도락, 패션 등은 이런 현상의 일부를 구성한다. 이렇게 현대세계에는 사물의 증가에 의해 소비라는 분명한 사실이 존재하는데, 이는 인간생활에 근본적인 변화를 일으킨다.

소비 개념은 현대세계의 일상성과 일상생활의 변화를 이해하는 데 필요한 중요한 개념이다. 현대사회에서 어떻게 이 소비 개념을 이해하는 것이 바람직할까? 1960년대부터

신자본주의의 출현과 함께 소비 양식이 근본적으로 변화하던 시기를 주목할 필요가 있다. 이 시기에 보드리야르는 현대사회의 새로운 현상을 포착하여 소비에 대한 완전히 새로운 해석을 시도했다. 말하자면 그는 경제적 측면에서보다는 사회문화적 측면에서 소비를 분석했다. 그의 이러한 소비 분석은 어떤 논리에 근거하는 것일까?

보드리야르는 그동안 자본주의 사회를 지배하던 생산·효율성·합리성의 논리에 대항해 '소비의 신화' 개념을 창안해 낸다. 그는 "소비는 하나의 신화이다. … 소비는 현대사회가 자신에 대하여 스스로 말하는 방식이다"(SC, 311)라고 주장한다.

따라서 소비는 현대사회를 움직이는 원동력이며, 현대사회는 자본주의의 전례 없는 새로운 단계이다. 자본주의의 이 새로운 단계를 꿰뚫어 본 보드리야르는 현대사회를 '소비사회'로 규정하고, 소비 개념을 통해 현대사회를 해부하고 진단한다.

예전에 소비는 일반적으로 인간이 자신의 욕망과 필요를 충족시키는 가장 기본적인 경제활동이었다. 그리고 소비 행위는 원래 경제적 현상이었다. 마르크스는 사물에 두 가지 가치가 있음을 지적한 바 있다. 하나는 사용가치이고, 다른 하나는 교환가치이다. 예를 들어 〈모나미〉 수성펜과 〈몽블랑〉 만년필이 있다고 가정해 보자. 이 둘 모두는 똑같은 사용가치를 지닌다. 하지만 교환가치의 측면에서 볼 때 이 둘은 두드러진 차이를 드러낸다. 〈모나미〉 수성 펜이 싼 가격인 반면, 〈몽블랑〉 만년필은 비싼 가격이기 때문이다. 이는 사용가치가 같더라도 교환가치가 다르면 값이 다르게 매겨짐을 보여 준다. 하지만 보드리야르가 보기에, 오늘날 인간의 삶과 문화 양상이 다양해짐으로써 소비는 단순한 경제적 현상으로 간주될 수 없다. 소비가 일상생활을 움켜쥐게 됨으로써 사물은 전혀 다른 근거로 가치가 매겨진다. 『소비의 사회』에서 보드리야르는 소비와 일상생활에 대해 다음과 같이 설명한다.

소비의 장소는 일상생활이다. 일상생활이란 단순히 일상적인 사건과 행위의 전체, 평범함과 반복의 차원이 아니라 해석의 체계système d'interprétation이다. … 일상성은 시뮬라크르

simulacre의 세계 없이는 지탱될 수 없을 것이다(SC, 33).

이 지점에서 보드리야르는 현대인의 일상생활과 "일상성은 이 시뮬라크르의 세계를 통해 증대된 이미지와 기호를 먹고 살지 않으면 안된다"(SC, 33)고 주장한다. 여기서 주목할 만한 것은 보드리야르가 앞으로 다가올 '시뮬라크르와 시뮬라시옹'의 시대를 예상하면서 소비사회를 분석하고 진단한다는 점이다.

이 시뮬라크르의 세계는 소비의 이미지와 기호를 무한히 생산해 내는 세계이다. 이제 사물이 지니는 가치는 사용가치와 교환가치보다는 사물에 부여된 이미지 가치, 기호 가치로 표현된다. 따라서 소비는 이미지의 소비, 기호의 소비이기 때문에 앞서 언급된 마르크스가 사용한 두 가지의 가치 개념이 부정된다.

현대 소비사회의 이런 상황을 예리하게 통찰한 보드리야르는 사물과 소비의 관계를 통해 다음과 같이 소비 개념을 정의한다.

소비는 물질적 사용도 풍부함의 현상학도 아니다. 소비는 사람들이 소화하는 음식물에 의해서도, 사람들이 입는 옷에 의해서도, 사람들이 이용하는 자동차에 의해서도, 이미지와 메시지의 구술적이고 시각적인 실체에 의해서도 정의되지 않고, 의미작용을 하는 실체를 지닌 그 모든 것의 조직에 의해서 정의된다(SO, 276).

사물과 소비, 그 '의미작용'에 대한 보드리야르의 견해를 예를 들어 설명해 보면 세탁기·자동차 등의 사물은 각각 도구로서의 의미와는 다른 의미를 지닌다. 쇼윈도·광고·기업에서 중요시 여기는 브랜드는 하나의 사슬처럼 떼어 놓을 수 없는 하나의 전체로서 일관된 집합체의 양상을 띤다. 브랜드를 가진 사물은 단순한 사물이 아니라, 현대의 소비자들에게 초超사물super-objet의 의미를 지니는 한 의미작용을 하는 것이다(SC, 20).

여기서 '의미작용'을 한다는 것은 무엇을 뜻하는 것인가? 그것은 시니피앙과 시니피에로 구성된 '기호와 이미지'로 작용한다는 것을 함축적으로 나타낸다. 보드리야르의 말대로 "소비는 다소 일관성 있는 담론 속에서 구성된 모든 사물과 메시지의 잠재적 총체성이다"(*SO*, 276). 소비가 어떤 의미를 지니는 한, 그것은 기호와 이미지를 체계적으로 조작하고 연출하는 활동이다.

이렇게 보드리야르는 소비의 사물을 물질적 실체가 아닌 기호나 이미지로 파악했다. 그리고 이 사물의 기호나 이미지가 체계를 지니는 것으로 보았다. 그는 이 체계 안에서 소비 개념을 이해한 것이다. 가령 여가, 구경거리, 소비라는 소비 활동의 보편적 모델을 제시하는 백화점과 쇼핑몰의 디스플레이는 소비자에게 사물 그 자체나 사물의 기능을 보여 주는 것이 아니라 기호나 이미지의 그물망, 즉 그 체계를 보여 준다.

이렇게 변화된 환경과 분위기가 지배하는 현대 소비사회에서 소비 대상 자체는 그 사물이 갖는 기호나 이미지로 구성된 분위기의 조화보다 중요하지 않은 셈이다. 이런 관점에서 볼 때 현대인들은 현대 소비사회에 범람하는 기호나 이미지에 매몰되고 있는 듯하다.

5. 욕구의 유동성과 차이에의 욕구

소비사회에서 사물의 지위에 대한 중대한 변화를 이해하려면 욕구 개념으로부터 출발해야 한다. 보드리야르는 현대인이 욕구를 만족시키기 위해 사물을 소비하는 것이 아니라고 생각한다. 그의 견해로는 사물에 대한 욕구에는 특정한 대상이 없다. 사회학자 데이비드 리스먼David Riesman에 따르면, 이는 '대상 없는 갈망'이라는 개념으로 표현된다.

오늘날 현대인이 욕망하는 것은 특정한 대상이 아니다. 물론 현대인은 자신이 자연발생적으로 어떤 대상을 욕망한다고 생각한다. 하지만 현대 소비사회에서, 이는 대체로 사실이 아니다. 현대인이 자연발생적인 욕망이 아닌 매개된(간접화된) 욕망을 갖기 때문이다. 예를 들어 광고나 텔레비전에 나오는 대중 스타들이 소비하는 사물을 욕망한다. 말하자면 현대인이 스스로 어느 특정한 사물을 욕망하는 것이 아니라 타인의 매개를 통해 욕망하는 것이다. 이것은 르네 지라르René Girard가 말하는 '삼각형의 욕망'에 해당한다.

따라서 보드리야르가 보기에 현대인은 개인적인 욕구 만

족과 향유jouissance를 위해 소비하지 않는다. 소비는 욕구에서 추동되지 않는다. 더욱이 소비는 향유도 아니다. 향유는 일반적으로 자발적이고 자율적인 것, 목적을 갖는 것이다. 그러므로 소비는 향유를 부정하고 배제하는 것이다. 『소비의 사회』에서 보드리야르는 "사회적 논리로서의 소비의 체계는 향유의 부정이라는 기반 위에 확립된다"(SC, 109-110)는 점을 강조한다.

여기서 보드리야르가 말하는 소비사회에서 '욕구의 유동성'을 살펴보자. 보드리야르의 관점에서 욕구는 '나는 이 물건을 산다. 왜냐하면 그 물건이 필요하기 때문이다'라는 자연발생적인 욕구가 아니다. 물건은 개인적인 욕구에 따라 전유되는 것이 아니라 사회 전체의 삶과의 연관 속에서 전유된다. 이런 맥락에서 보드리야르는 유용성과 효용성을 최대화할 목적으로 욕구만족을 통한 소비를 개념화하는 공인된 기존의 견해를 비판한다. 기존의 이런 견해에 대항하여 보드리야르는 사회화를 통해, 그리고 소비의 조작을 통해 욕구를 산출하는 방식을 강조하는 사회문화적인 접근을 제시한다.

이제 보드리야르에게 욕구는 특정한 사물에 대한 욕구가 아니라 사회적 의미에서의 욕구, 즉 차이에의 욕구besoin de différence이다. 욕구가 기호와 차이에 대한 객관적인 사회적 요구에 따라 재조직되는 것이다. 따라서 욕구의 유동성에 차이적 의미작용의 유동성이 덧붙여진다. 다시 말하면 욕구는 대체되는 과정 속에서 욕구 그 자체를 넘어서는 의미작용의 진정한 영역, 즉 차이의 영역을 갖는다. 그러므로 "소비의 체계는 욕구와 향유에 근거를 두지 않고 기호(기호로서의 사물)와 차이의 코드에 근거를 둔다"(SC, 110).

소비의 사물에 대한 구체적인 예를 들면, 유명 패션 디자이너가 만든 옷은 지위·위엄·유행·고급스러움·우아함 등과 같은 사회적 의미를 지닌다. 하지만 소비의 이 사물은 개별적이고 실용적인 기능을 갖지 않는다. 그것은 다른 사물과의 관계에 따라 기능한다. 달리 말하면 그것은 기호와 차이에 따라 기능한다. 요컨대 기호로서의 사물은 코드화된 차이에 의해 전유된다. 소비자는 자신의 욕구를 충족시키려고 유명 패션 디자이너의 옷을 입는 것이 아니라 자신을 둘러싸고 있는 다른 사람들과의 차이를 드러내고자 그런 옷을 입는다는 것이다. 따라서 사물의 소비는 개인적 욕구를 통해 일시적으로 구축되거나 체계화되지 않는다.

이 지점에서 앞서 언급된 욕구가 기호와 차이에 대한 사회적 요구에 따라 재조직된다는 점을 다시 주목할 필요가 있다. 보드리야르의 견해로는, 이 사회적 요구가 개인적 욕구 충족으로서의 소비가 아니라 무제한적인 사회활동으로서의 소비 개념을 확립하게 된다는 것이다. 달리 표현하면 보드리야르는 분명 소비를 욕구 충족과 관련하여 해석하지 않고 사회활동의 한 양식으로 해석한다는 것이다.

여기서 눈여겨봐야 할 사실은 보드리야르가 소비를 자연발생적인 욕구 충족에 근거를 두기보다는 오히려 코드에 근거한 기호체계로 간주한다는 점이다. 보드리야르에게 사물과 소비는 욕구의 우발적인 세계, 즉 자연 질서를 가치의 사회적 질서로 대체하는 기호체계를 구성한다. "차이화된 기호로서의 사물의 유통·구매·판매·획득은 오늘날 우리의 언어활동인 우리의 코드를 구성하는데, 그것에 의해 사회 전체가 의사소통하고 서로에 대해 말한다"(SC, 308).

이런 관점에서 볼 때 소비는 자율적인 개인의 자유로운

활동이라기보다는 가치의 사회적 질서와 더불어 차이에의
욕구를 결정짓는 의미작용의 질서에 의해 강요된다고 할 수
있다. 그러므로 소비사회에서 현대인은 차이와 코드의 영
역을 벗어나서는 살아갈 수 없는 상황에 놓여 있는 셈이다.

6. 소비의 사회적 논리 혹은 사회적 차이화의 논리

보드리야르의 이런 논리에 따르면 소비사회에서 소비는
기호의 소비, 이미지의 소비로 귀결된다. 보드리야르는 이
런 소비 형태와 관련하여 다음과 같이 기술한다. "오늘날
모든 욕망·계획·필요·모든 열정과 관계는 기호로 추상화
(또는 물질화)된다. 따라서 이들은 상품으로 구매되고 소비된
다"(SO, 278). 이제 상품은 객관적 실체로서의 물질이 아니라
욕망·필요 등 심리적 요인까지도 기호화하고 이미지화하
여 만들어지는 셈이다. 더욱이 상품의 소비는 행복·성공·
명성·지위·에로티시즘·현대성 등을 의미한다. 현대인들
은 사회적 지위나 명성 등의 기호나 이미지를 지니거나 드
러냄으로써 실제의 행복과 사회적 지위를 갖게 될 것이라

고 믿기 때문이다.

보드리야르는 『소비의 사회』에서 "소비는 사회 전체를 균등화하지 않는다. 소비는 오히려 사회 내부의 차이를 두드러지게 나타낸다"(SC, 75)라고 주장한다. 그리고 그는 사물들 간의 관계는 '차이표시적인 의미'로 표현되며, 소비를 위한 제품은 '사회적 논리'를 따를 수밖에 없다고 말한다.

보드리야르의 분석에 따르면 소비의 사회적 논리는 사물의 사용가치 차원에서 제품 구매의 논리도, 욕구충족의 논리도 아니다. 사회적 의미를 갖는 것을 생산하고 조작하는 논리이다. 보드리야르의 이런 시각에서 보면 소비 과정은 다음의 두 가지 측면에서 분석될 수 있을 것이다.

① 소비 활동이 포함되고 의미를 갖게 되는 코드code에 근거를 둔 의미작용 및 의사소통 과정으로서의 측면.
② 분류classification 및 사회적 차이화의 과정으로서의 측면(SC, 79).

이러한 분석의 핵심은 현대인들이 사용가치의 차원에서 사물 그 자체를 소비하지 않는다는 점이다. 이 대목에서 보드리야르는 사회학자이자 철학자인 게오르크 지멜Georg Simmel이 분석한 인간의 두 가지 욕망, 즉 '소속되고자 하는 욕망'과 '구별되고자 하는 욕망'에 대해 깊이 사유한 듯이 보인다. 특히 인간이 이미지에 융합되어 상징적 소속감을 획득하려는 열망과 독특함에 대한 열망(자신을 타인과 구별지으려는 욕망), 즉 자신만의 기호나 이미지를 가지려는 열망에 주목했던 것 같다. 『소비의 사회』에서 보드리야르는 현대인이 "이상적인 기준으로 삼은 집단에 속하기 위해서든, 혹은 자신이 속한 집단을 보다 우월한 집단과 구분하기 위해서든 자신을 타인과 구별짓는 기호로서(가장 넓은 의미에서의) 사물을 늘 조작한다"(SC, 79)고 강조한다.

이 지점에서 보드리야르가 탐구하는 소비사회에서 '사물이란 무엇인가'라는 근본적인 물음에 직면하게 된다. 간단히 말하자면 사물이란 '의미작용'을 하는 것인 동시에 기호나 이미지로 '조작'되는 것이다. 소비사회는 사물의 기호화나 이미지화를 재촉하고 심화시킨다. 소비사회에서 사물은 구체적인 욕구를 만족시키는 사용가치를 위해 더 이상 소비되지 않는다. 사물은 사회적 지위나 명성 또는 차별적 개성을 표시하는 기호나 이미지로 소비된다.

따라서 보드리야르의 분석은 현대인이 상품 구매를 통해 자신을 타인과 구별짓고 사회적 지위나 명성에 도달하게 되는 '사회적 차이화의 논리'에 초점을 맞춘다. 말하자면 그는 '소비의 사회적 논리'를 '사회적 차이화의 논리'로 해석해야 한다고, 어떤 상품도 그 자체로는 구매 욕구를 불러일으키거나 소비자의 마음을 사로잡지 못한다고 역설한다.

여기서 한걸음 더 나아가 보드리야르는 현대인이 "자유롭게 자신이 원하는 대로 또는 자신의 선택에 따라 타인과 다른 행위를 하지만, 이 행위가 차이화의 강제contrainte de différenciation 및 코드에의 복종이라고 생각하지 못한다"(SC, 80)고 지적한다.

보드리야르에 따르면, 현대인은 자신의 욕구에 따라 자유롭게 소비하는 것처럼 보이지만 실제로는 무의식적이고 구조적인 사회적 강제, 즉 '사회적 차이화의 강제'에 의해 소비하게 된다는 것이다. 이로써 소비는 자유로운 선택이 아니다. 소비는 사회 전체의 구조와 질서에 의해 조작되고 강요되고 통제된다. 소비는 집단적 행위이자 강제이며, 코드화된 체계 속에서 이루어진다.

예를 들어 사람들은 돈을 많이 벌수록 더 많이 원하고 더 좋은 것을 원한다. 자신의 생활수준을 감안해서 물건을 사지만 고가의 물건을 마음대로 살 수 있는 것은 아니다. 그리고 돈이 있다고 해서 마음대로 물건을 사는 사회에 살고 있지 않다. 여기에는 차이화와 코드(나이에 대한 코드, 신분과 지위에 대한 코드, 위세에 대한 코드 등)가 작용하고 있기 때문이다.

이런 현상은 소비가 욕구 충족이라는 개인적인 논리를 넘어서 차이화라는 사회적 논리를 따를 때만 설명이 가능하다. 그러면 사회적 차이화의 논리란 무엇인가? 이는 자신을 돋보이게 하는 동시에 사회적 지위와 신분과 위세를 나타내는 것이다. 말하자면 소비 대상이 지위와 신분의 계층화를 두드러지게 특징짓는다는 것이다. 즉 소비 대상은 소비자를 구별하고 코드에 소비자를 집단적으로 배정한다. 소비자는 사회 전체가 정해 놓은 코드에 따라 자신이 속해 있는 집단에게 허용된 물건만 소비할 뿐이다.

상류층은 중간층과 구별되기 위해 물건을 구입하고, 중간층은 하류층과 구별되기 위해 물건을 구입한다. 이른바 지멜이 주장한 대로 '소속되고자 하는 욕망'과 '구별되고자 하는 욕망'을 따른다. 이 경우 물건은 욕구를 충족시키기 위해서보다는 지위와 신분과 위세를 의미화하기 위해 소비된다. 사회적 의미를 지닌 물건이 다른 물건과의 차이를 통해 소비되는 것이다.

이런 맥락에서 볼 때 보드리야르의 분석대로 소비 대상은 사회 전체의 구조와 질서에서 생산되는 차이화의 기호이다. 그리고 사회적 차이를 생산하는 기호는 동질한 공간을 가정함으로써 그 공간 위에 차이의 선을 긋는다. 이러한 기호체계(코드)가 소비사회를 구성한다. 따라서 보드리야르가 기술하는 소비사회는 의미작용의 질서 혹은 기호체계로서의 질서를 지닌다.

그러면 소비사회의 구조와 질서에서 연유되는 차이화는 개성화와 어떤 연관이 있는 것인가? 보드리야르의 분석에 따르면 차이화는 개성화의 다른 표현인 듯하다. 보드리야르는 소비사회에서 소비 행위는 차이화와 개성화라는 동일한 강제가 이루어진다고 생각한다. 대체로 소비는 자신을 타인과 구별짓고자 하는 욕구의 표출이자 개성의 표현이다. 개인적인 특성을 중시하는 현대인에게 자신과 타인 간의 차이는 나 자신만의 개성이 된다. 그래서 소비의 상품은 차이표시적 의미를 지닌다. 기아자동차 〈쏘울〉의 광고는 '나만의 개성을 창조하라'고 호소한다. 리스먼은 "오늘날 가장 많이 요구되는 것은 ⋯ 바로 개성이다"(SC, 125)라고 말한 바 있다. 자신의 개성을 발견하는 것은 분명 자기 자신이 되는 즐거움을 발견하는 것이다.

하지만 '자기 자신이 되라'는 것, '개성을 창조하라'는 것은 바로 현대 소비사회의 이데올로기가 현대인에게 강요하는 집단적 명령이다. 이 명령에 따라 개성화는 스타일과 지위와 신분을 두드러지게 하는 질적인 차이를 추구하는 것이다. 다시 말하면 개성화는 현대인으로 하여금 자기 자신이 되도록 하는 차이를 찾는 것이다.

그러면 개성화하는 차이는 무엇인가? 개성화하는 차이는 개인들을 대립시키는 것이 아니라 개인들을 계층화하고 모델 속에 나누어서 배치하는 것이다. 자신을 타인과 구별짓는 것은 어느 한 모델에 소속되는 것을 의미한다. 예를 들어 찢어진 청바지를 입는 것, 타투와 피어싱을 하는 것, 특이한 헤어스타일을 연출하는 것, 웹드라마를 보는 것, 웹툰이나 스낵 컬처를 즐기는 것은 주로 10대나 20대의 젊음이라는 모델에 속해 있음을 뜻한다.

좀 더 자세히 살펴보면 개성화하는 차이는 실제적이고 현실적인 차이가 아니다. 그것은 단순히 어느 한 사람의 개인적인 특성을 나타내는 것이 아니라 어느 한 집단의 코드에의 복종과 가치 기준에의 통합을 나타내는 것이다. 이로써 현대 소비사회의 이데올로기가 강요하는 개성과 개성화에는 더 이상 개인은 없고 집단만이 있을 뿐이다. 따라서 현대 소비사회에는 스타 연예인의 복장·화장·행동을 열광적으로 따라하는 집단적 소비가 도처에서 발견될 수 있다. 요즘 정밀한 피규어나 고가의 프라모델과 같은 소비 대상에 깊이 파고 들어가는 취향을 가진 키덜트 세대의 소비 형태도 이에 해당한다고 말할 수 있다.

그러나 보드리야르가 주장하는 어느 집단의 코드에의 복

종과 가치 기준에의 통합이 오늘날 소비 트렌드에 비추어 볼 때도 여전히 유효한가? 2017년 한국의 소비 트렌드 중 소비자의 지속적인 관심을 끌었던 '욜로'를 예로 들어 설명해 보자. '단 한 번뿐인 인생'이라는 뜻을 지닌 **욜로**(YOLO: You Only Live Once)는 단순히 물질적 욕구를 충족시키려는 소비 형태가 아니다. 욜로가 추구하는 소비는 대개의 경우 충동적 구매에 의한 소비나 과소비가 아니라 삶을 변화시키는 경험에 가치를 두는 소비 형태이다. 말하자면 현대인들이 지금 이 순간을 즐기는 데 충실하며 눈앞에 펼쳐진 현실에 안주하지 않고 도전하려고 하는 삶의 태도에서 비롯된 소비 형태이다. 욜로족은 현재의 삶의 질을 향상시키는 실제적인 취미활동이나 현실적인 자기 발전을 도모하면서 행복한 삶을 지향하는 새로운 소비 현상을 만들어 낸다. 요컨대 즉각적 욕구에 반응하면서 현실적인 가치를 추구하려고 실제적이고 현실적인 소비를 한다.

물론 이러한 욜로 소비 현상에 보드리야르의 소비 이론을 적용시키는 데에는 다소 어려움이 있다고 여겨진다. 그러나 욜로족의 특별한 소비 형태는 집단의 코드에의 복종과 가치 기준에의 통합에 연결될 수 있는 부분이 있는 듯하다. 예를 들어 인스타그램에서 인기를 끌면서 확산 추세에 있는 '지금 이 순간을 즐기는' 20대, 30대 여성들의 소비 형태, 즉 고급 디저트를 사치스럽게 즐기는 소비 형태가 이에 해당될 수 있을 것이다.

7. 기호 가치, 이미지 가치

보드리야르의 관점에서 볼 때 현대 소비사회에서 소비에 관련된 중요한 범주는 무엇보다 사물의 사용가치·교환가치보다는 기호 가치·이미지 가치, 특히 미디어와 광고가 사물에 부가하는 기호 가치·이미지 가치이다. 어떤 사물의 가치가 경제적 의미(사용가치·교환가치)뿐만 아니라 사회적 의미(기호 가치·이미지 가치)도 갖는다는 견해는 소스타인 베블런Thorstein Veblen에게서 나온 것이지만, 보드리야르는 이 후자에 주목하면서 현대 소비사회의 사회문화적 현상을 탐구했다.

보드리야르에게 이런 현상의 이해에 필요한 핵심적인 개

넘들은 분명 소비에 관련된 기호·이미지일 것이다. 그러나 여기서 주목해야 할 것은 기호는 이미지의 다른 표현이며, 이미지는 기호의 다른 표현이라는 점이다. 그리고 기호·이미지는 가치의 세계와 관련이 있다. 보드리야르가 종종 인용하는 부어스틴의 견해에 따르면 이미지는 있는 그대로를 자연스럽게 보여 주는 것이 아니라 조작되고 만들어진 것이며, 따라서 진짜가 아니라 가짜라는 것이다. 이 가짜 이미지가 오히려 진짜 현실(실재)를 압도하기 때문에, 사람들이 그것을 믿는다는 것이다.

부어스틴은 '이미지는 가치의 캐리커처이며 가짜 이상 pseudo-ideal'이라고 강조한다. 이미지는 인공적이며, 이미지의 인공성을 보여 주는 예는 현대세계에서 점점 더 그 중요성이 증가하고 있는 상표(브랜드)이다. 이 상표(브랜드)가 뿜어내는 이미지는 언제나 멋지게 다듬어지고, 수정되고, 개선되고, 개조되고 향상되어서 사물의 본질적인 존재인 실재와는 전혀 다르게 보일 수 있다.

이렇게 기호·이미지가 실재를 압도하여 실재를 은폐하고 있는데도, 사람들은 여전히 고급 브랜드를 갖고 싶어

하는 욕망을 드러낸다. 〈폴로 랄프 로렌〉 로고나 〈루이비통〉·〈샤넬〉 로고가 박혀 있지 않다는 이유로 외면당하는 티셔츠나 핸드백은 분명 이런 욕망과 관련이 있을 것이다.

오늘날 미디어와 광고는 이런 욕망을 부추긴다. 미디어와 광고가 만들어 내는 것은 사물의 가짜 출현, 욕망의 가짜 출현이다. 광고는 대중매체를 이용한다. 대중매체는 광고가 만들어 내는 메시지를 통해 기호 가치·이미지 가치의 창출에 나선다. 결국 사람들은 상품 그 자체보다는 기호 가치·이미지 가치를 위해 소비하게 된다.

그러면 현대 소비사회에서 왜 기호·이미지가 생산되는가? 한 사회는 해석가능한 기호와 상징을 생산한다는 것이 일반적인 견해이다. 보드리야르에 따르면, 소비사회에서 모든 것(그것이 상품이든 예술이든 간에)은 기호로서 즉각 생산된다. 이로써 소비사회는 상품이 기호로서 생산되고 기호가 상품으로서 생산되는 사회로 정의될 수 있다.

이 지점에서 기호 가치가 분석과 비판의 핵심 요소를 이루는 『기호의 정치경제학 비판을 위하여』를 주목할 필요가 있다. 이 책에서 보드리야르는 기호 체계에 접근하는 데 윤

곽을 잡아줄 만한 내용들을 다루었다. 그는 다양한 관점에서 사회적 형식인 기호를 분석하려고 시도한다. 마르크스가 자신의 『정치경제학 비판』에서 사회적 형식인 상품을 비판했듯이, 보드리야르는 형식-기호에 대해 정치경제적인 비판을 가한다.

보드리야르가 마르크스와 갈라서는 지점은 소비사회의 특성을 새로운 방식으로 인식할 수 있도록 만드는 기호학 이론을 사용하는 데 있다. 소쉬르의 표현을 빌리자면, 기호학이란 '사회적 삶 속에서 기호의 삶'에 대한 연구인 동시에 모든 '사회적 의미'에 대한 연구이다. 보드리야르는 기호학을 소비사회의 상품에 적용했다. 그는 소비사회에 새로운 의미 구조가 출현했음을 파악했기 때문이다. 이러한 의미 구조의 등장은 오로지 기호학 이론에 의해서만 분석될 수 있는 '차이의 논리'에 근거하고 있다.

예를 들어 사물의 관점에서 냉장고나 자동차에 대해 말하는 것은 엄밀하게 '차가움'과 '이동'에 대한 그것들의 객관적인 관계 속에서 냉장고나 자동차에 대해 말하는 것이 아니라, 냉장고나 자동차가 기능의 맥락을 벗어난 듯 냉장고나 자동차에 대해 말하는 것이다. 달리 말하면 자체의 표지에 의해 특수성이 부여되는, 바로 지위·명성·위세의 차이를 표시하는 내포적 의미를 지닌 사물에 대해 말하는 것이다. 이 사물들은 위계를 이루는 의미작용의 코드에 따라 오로지 다른 사물과의 차이를 통해서만 의미를 지닌다. 이것이 바로 소비의 사물을 규정짓는다. 따라서 소비의 사물에 대해 말할 수 있는 것은 오로지 사물이 차이를 표시하는 기호로서 자율성을 부여받고 체계화될 때이다.

　여기서 소비사회의 구조를 파악한 보드리야르는 상품 체계의 분석을 위해 기호의 차별적 체계를 개념화한다. 그는 상품이 코드와 사회적 논리에 의해 지배되는 '기호 가치'의 체계 속에서 구조화된다고 암시한다. 뿐만 아니라 사용가치와 교환가치에 의한 마르크스의 상품분석에 기호 가치의 특징을 부가할 것을 제안한다.

　여기서 보드리야르는 기호와 차이의 논리인 소비의 논리를 다른 논리들과 구별지을 필요성을 지적한다. 그리고 다음의 네 가지 논리가 논의의 대상이 된다고 본다.

① 사용가치의 기능적 논리

② 교환가치의 경제적 논리

③ 상징적 교환의 논리

④ 기호 가치의 논리(*CEPS*, 64)

위의 네 가지 논리에 따라 조직된 사물은 제각기 '도구', '상품', '상징', '기호'의 지위를 지니게 된다. 네 번째 논리만이 소비라는 특수한 영역을 규정짓는다. 그러면 결혼 반지와 주거(주택·아파트)를 예로 들어 살펴보기로 하자. 먼저 부부관계의 상징인 결혼 반지는 다른 것으로도 대체될 수 없는 사물이다. 바꿀 수도 없고 여러 개를 낄 수도 없다. 상징적인 사물은 그 지속에 의해 관계의 영속성을 나타낸다. 엄밀하게 상징적인 차원에서 유행은 효력을 미치지 못한다.

반면 단순한 반지는 다르다. 그것은 더 이상 관계를 상징하지 않는다. 그것은 특별하지 않은 사물, 다른 것에 견주어지는 사물이다. 사람들은 바꿀 수도 있고 여러 개를 낄 수도 있다. 그것은 액세서리 세트와 유행의 틀 안으로 들어간다. 그것은 소비의 사물이다.

오늘날 미국에서는 결혼 반지 자체가 이 새로운 논리에 휩쓸리고 있다. 부부를 부추겨 결혼 반지를 해마다 바꾸게 한다. 공동관계의 상징이었던 것의 가치 변동이 유행에 결부되고 있는 셈이다.

주거의 경우는 어떠한가? 대체로 주거는 공업생산이나 생활수준에 연결되는 미묘한 의미론적 차이를 생산해 낸다. 고도로 발전된 자본주의 사회에서 주거의 변동은 사회의 유동성에, 신분과 지위의 제도에 결부되어 있다. 주택이 지위의 전반적인 틀에 연결되고 있고 생활수준을 나타내는 어떤 다른 사물의 경우와 똑같은 가치변동에 종속되어 있는 까닭에, 주택은 소비의 사물이 된다.

따라서 주거는 유행이 갖는 차이를 표시하는 내포적 의미의 논리에 휩쓸린다. 말하자면 주거는 사물 그 자체와는 관계가 없으며 오로지 의미작용의 논리를 따른다. 서울의 강남 아파트를 떠올려 보라. 그러므로 사물은 기호로서 해방되어야만, 그리고 유행의 논리에, 다시 말해서 차별화의 논리에 휩쓸려야만 진정한 소비의 사물이 된다(*CEPS*, 64-66 참조).

앞서 언급한 네 가지 논리의 구별을 통해 보드리야르는 마르크스 이론의 한계와 기호학적 보완의 필요성을 강조한다. 그는 무엇보다 마르크스의 상품분석이 '기호 가치'에 주의를 기울이지 않았다고 지적한다. 달리 표현하자면, 마르크스가 상품을 주로 사용가치와 교환가치 사이의 관계를 검토하면서 분석했다는 것이다. 즉 사용가치는 일상생활에서 상품의 사용과 향유에 의해 정의된 반면, 교환가치는 시장가치에 의해 정의되었다는 것이다.

보드리야르의 '기호의 정치경제학'은 분명 생산 개념 위주의 마르크스적 가치 이론에 대한 비판으로부터 시작한다. 보드리야르가 보기에 사용가치는 교환가치와 마찬가지로 이미 추상적 가치이며, 교환가치와 동시적으로 태어난다. "사용가치는 상품의 추상적 등가성과 마찬가지로 어떤 물신화된 사회관계이며 … 욕구 체계의 추상적 관념이다"(*CEPS*, 155).

여기서 개인의 욕구는 자발적인 것이 아니라 조작된 충

동에서 비롯되며, 물신숭배는 사회가 자체를 유지하기 위해 개인에게 행사하는 속임수이자 미혹이라 할 수 있다. 보드리야르는 이 물신숭배가 자본주의 사회, 좀 더 구체적으로 말하자면 현대 소비사회에 만연해 있다고 생각한다. 이 물신숭배에 의해 상품은 자체의 힘(행복·건강·안전·명성·위세 등)을 제공하는 것으로 여겨진다. 이 마술적 실체는 기호, 기호의 일반화된 코드, 차이의 자의적인 코드이다.

보드리야르에 따르면, 소비는 상품이 즉각 기호로 혹은 기호 가치로서 생산되고 기호가 상품으로 생산되는 단계를 규정한다. 달리 말하면 소비는 기호 가치가 두드러지게 소비되는 과정으로 이해된다. 예를 들어 튼튼하고 건강한 몸매를 지닌 연예인 설현이 광고하는 〈스프라이트〉를 마실 때 소비하는 것은 단순한 탄산음료가 아니라 '건강함', '다이내믹함' 혹은 '쿨한 매력'이라는 기호 가치, 이미지 가치이다. 그리고 〈스타벅스〉 커피를 마시는 것은 고급스런 분위기에서 브랜드 가치의 상징을 기호 가치, 이미지 가치로 소비하는 것이다.

여기에 덧붙여 소비에서 상품의 물신숭배는 어떤 특정한

사물에 가치를 부여하는 것이 아니다. 그것은 사회적 지위와 차이화(차별화)의 체계 전체에 대한 물신숭배와 관련이 있다. 보드리야르의 관점에서 기호 가치와 물신숭배에 대한 분석은 어떻게 소비사회에서 기호의 지배가 발생하는가에 대한 새로운 통찰력을 제공할 수 있을 것이다.

마르크스 이론에서 주장되는 사용가치의 우위에 대해 반론을 펼치는 보드리야르는 "사물은 자신의 기능 속에서 결코 고갈되지 않는다. 사물이 위세의 의미작용을 지니는 것은 이 지나친 현존 속에서이다. 사물은 더 이상 세계를 나타내지 않고 그 소유자의 존재와 사회적 지위를 나타낸다"(*CEPS*, 11)라고 기술한다. 그러므로 상품은 고전 정치경제학이 주장하는 것처럼 욕구 충족의 중심이 아니다. 상품은 소비사회에서 사회적 지위를 표시하는 '사회적 의미와 명성'을 지닌다.

이로써 정치경제학은 기호 가치의 이론 없이 왜 상품이 욕망과 매혹의 사물이 되는지, 왜 어떤 유형의 소비가 발생하는지, 왜 어떤 상품이 다른 사람들에게 선호되는지, 왜 소비가 현대 소비사회에서 중요한 작용을 하는지 설명할 수 없다고 보드리야르는 주장한다. 게다가 자신이 '기호의 정치경제학'이라고 부르는 것과 결합한 기호 가치 이론은 사회적으로 구성된 기호 가치가 소비를 통해 전유되고 과시된다는 사실을 지적함과 아울러 이런 현상을 설명한다고 강조한다.

보드리야르의 기호 가치 이론은 어떤 사물이나 브랜드가 지닌 기호 가치 때문에, 다시 말해서 다른 브랜드나 다른 유형의 상품들에 대한 그것들의 상대적 명성 때문에 어떤 사물이나 브랜드가 다른 사람과 관련하여 선택된다는 것을 내포한다. 그의 이런 이론적 입장에 따르면 소비사회는 분명 기호 가치의 위계에 의해 구성된다고 볼 수 있는데, 이 경우 사람들이 소비와 기호 가치의 체계 안에서 어느 곳에 위치하느냐에 따라 그들의 사회적 지위와 명성이 결정된다.

보드리야르는 소비사회에서 개인은 코드나 체계·기호 가치를 어느 정도 의식하고 있으며, 다른 사람이 드러내는 기호 가치를 통해서 그의 지위를 설명할 수 있다고 말한다. 그러나 어떤 측면에서 그가 말하는 지위의 코드는 다소 모호하고 불확실하다고 여겨진다. 보드리야르는 사회적 논리를 포함한다 할지라도 각 상황에 고유한 논리에 따라 언제나 복원되고 조작되는 사물의 코드에 대한 형식적인 재구성을 고려하지는 않았다. 실제로 보드리야르는 소비사회의 사회적 논리를 분석하는 것만큼이나 소비사회에서 위계화된 기호 가치 체계를 경험적으로 기술하는 데 관심을 갖지 않았다. 그는 오로지 사물의 기호 아래 전개되는 가치의 사회적 과정에만 전념한 듯 보인다.

8. '기호 가치' 비판

보드리야르의 저서에서 일관적이지는 않지만 꾸준히 제기되는 존재론적 물음은 소비사회에서 '사물의 의미'와 '사물의 체계'에 대한 물음이다. 바로 이 물음은 보드리야르의 사회문화적 분석을 움직이는 철학적 주제이다. 보드리야르에 따르면 현대적 사물은 도구로서가 아니라 기호로서 조작된다. 그리고 소비사회를 소비사회로서 특징짓는 것은 사물이 본질적으로 기호 가치를 지닌다는 사실이다.

그런데 사물이 기호 가치를 지닌다는 표현과 소비가 기호의 체계적인 조작활동이라는 사실은 무엇을 뜻하는가? 기호는 다른 사물에 대해서 가치를 나타내는 기능을 갖고 있다. 사물의 체계에서 분위기의 구조에 대한 보드리야르의 분석에 따르면, 재료는 그 자체로는 가치를 지니지 않고 의미작용을 하는 능력 때문에 가치를 지닌다. 목재와 회반죽, 면 같은 전통적 재료를 대체하는 플라스틱과 합성물, 파스텔 색조, 조명 시스템을 떠올려 보라. 이렇게 재료는 기호로 전환되기 때문에 하나의 체계 속에서 통합될 수 있는 것이다.

보드리야르는 소비사회에서 "모든 사람은 자신의 사물에 의해 규정된다"(SO, 273)는 사실, 다시 말해서 "각자는 자신이 자신의 사물에 의해 판단된다는 것을, 자신의 사물에 따라 판단된다는 것을 느끼지는 못한다 할지라도 알고 있으며, 결국 이러한 판단에 따른다"(CEPS, 23)는 사실을 강조한다. 이 지점에서 보드리야르가 소비사회에서 사회적 지위의 코드와 함께 '기호 가치'라 부르는 것에 대해 비판적으로 논의해 볼 필요가 있을 것이다.

보드리야르의 기호 가치 이론은 소비사회에서 소비의 원동력에 대한 중요한 통찰을 보여 주긴 하지만, 소비에 대한 다소 제한된 이론을 제시한다는 점을 지적할 수 있다. 보드리야르에게 소비는 사물의 사용과 향유보다는 기호 가치의 전유와 과시에 있다. 그는 소비사회는 기호 가치 체계의 강요를 통해 사회적 논리를 확립하며, 소비사회 내부에 위치하는 개인은 소비활동을 통해 사회적 논리에 따르게 된다고 주장한다. 그러나 보드리야르의 이러한 주장은 소비가 자기 활동과 자기 가치부여의 영역, 그리고 자신의 목적을 위한 사물의 사용과 향유의 영역이 될 수 있는 가능성을 미리 없애 버린다는 느낌을 준다.

　이 대목에서 『트렌드 코리아 2018』에서 분석된 소비 트렌드에 비추어 보드리야르의 기호 가치 이론이 여전히 우리 사회에서 유효한지 최근 유행하고 있는 **소확행**이라는 단어를 통해 살펴보자. 1990년대 무라카미 하루키가 처음 사용했다는 '작지만 확실한 행복'은 사회적 지위와 명성 대신 일상에서 '작고 소박한 삶', '느긋하면서도 평범한 생활'을 추구하는 경향을 뜻한다. 소확행은 어느 집단에 소속되기 위한 이상적인 기준이 아니라 나만의 기준으로 나만의 행복을 찾는 것이다. 자신을 타인과 구별짓기 위해 포장하기보다는 자신이 즐거워하는 것에 열정을 쏟겠다는 마음가짐으로 이어진다. 말하자면 일상에서 매일의 삶을 소중하게 여기는 태도와 연결된다. 혼밥, 혼술, 나홀로 여행, 혼자 영화를 보는 혼영, 혼자 하는 운동, 자연 속에서 혼자만의 시간을 즐기는 혼캠 등이 그 대표적인 예이다.

이렇게 소확행을 추구하는 소비자들은 특정 브랜드의 기호 가치가 아니라 사소한 재미나 자유로운 취향에서 연유되는 추상적인 가치에 매료된다. 그들은 사물 그 자체보다는 사물이 표상하는 가치를 주목하는 셈이다. 물건보다 가치를 파는 도쿄 다이칸야마 쓰타야Daikanyama Tsutaya 서점의 매장을 떠올려 보라. 매장의 분위기는 고급스럽고 사치스런 이미지 대신 일상을 중심으로 한 평범한 이미지로 구성되어 있다. 카페·숲을 끌어들인 서점 안에서 소비자들은 특별함이 아닌 평범함에서 사소한 재미와 함께 새로운 가치를 발견하게 된다.

이것은 바로 소비가 자기 활동과 자기 가치부여의 영역,

자신의 목적을 위한 향유의 영역임을 확인시켜 주는 셈이다. 요컨대 소확행을 지향하는 소비는 보드리야르가 말하는 의사소통하고 의미작용하는 소비와는 전혀 다르다고 할 수 있다. 달리 표현하면 이런 형태의 소비는 사회적 지위를 나타내는 기호 가치로서의 상품 소비가 아니다. 그러나 보드리야르의 기호 가치 이론은 분명 현대 소비사회에서 가치가 어떻게 사회적으로 구성되는지에 대하여, 상품이 어떻게 인간의 삶 속에서 작용하는지에 대하여 깊은 성찰을 하게 한다.

9. 이미지의 소비

나는 이미지를 소비한다. 고로 존재한다.

근대사회의 출발은 '나는 생각한다. 고로 존재한다'라는 르네 데카르트René Descartes의 명제로 시작한다고 할 수 있다. 보드리야르는 자신이 탈근대postmodern라 부르는 현대의 소비사회에 대해 우려를 표명함으로써 데카르트의 명제를

'나는 소비한다. 고로 존재한다'로 변형시킨다. 현대사회를 소비사회로 파악한 그는 소비사회에서 사물은 '이미지'에 의해 가치가 결정된다고 주장한다. 여기서 이미지란 기호의 다른 표현이다.

보드리야르에 따르면, 현대사회에서 소비는 '이미지의 소비'이다. 그는 현대인의 욕망·계획·필요·열정·관계는 이미지로 추상화된다고 말한다(SO, 276). 이로써 현대인이 소비하는 상품은 이미지로 환원할 수 있게 된다. 상품 속에 담겨 있는 이미지가 중요한 것이다.

여기에는 모든 사물의 기능을 이미지로 파악한 보드리야르 특유의 사유가 깔려 있다. 따라서 '어떤 사물을 소비함으로써 자신을 어떻게 표현할 수 있는가'라는 것이 소비의 중요한 조건이 된다. 즉 사물 속에 담겨 있는 이미지가 중요한 것이지 사물 자체의 기능이 중요한 것은 아니다.

현대세계의 일상성을 표현하는 광고를 예로 들면, 이미지는 사물의 본질(실재)과는 아무런 관련도 없는 상징적 의미를 산출한다. 광고의 메시지 속에 담겨 있는 패션은 전략이고, 침대는 과학이며, 주방은 디자인이고, 화장은 유혹이다. 이는 개념적으로 상징적 의미를 지닌 이미지를 표현하는 것이다.

여기에 덧붙여 이미지를 소비하고 싶어 하는 현대인들의 욕구를 살펴보자. 사람들은 왜 명품으로 통용되는 물건들을 가지려고 하는가? 그들은 타인과 구별짓고자 하는, 말하자면 '차이'를 드러내고자 하는 욕구와 더불어 브랜드 상품이나 명품 속에 담겨 있는 이미지를 드러내고 싶어 하기 때문이다. 달리 말하면 브랜드 상품이나 명품의 소비는 상품이 지닌 브랜드 가치의 상징을 이미지로 소비할 뿐인데, 현대인들은 이런 이미지 소비에 다소 집착하는 경향을 보인다. 오늘날에도 여전히 명품 아울렛이 있고 이 명품 아울렛이 대중들에게 인기를 끄는 것도 이런 경향과 밀접한 관련이 있다고 할 수 있다.

특히 명품은 예전에는 대중들에게 겉으로는 부러워하면서도 가까이 할 수 없는 대상이었다. 하지만 오늘날에는 부자들의 전유물로 여겨지던 배타적 명품이 대중적 명품으로 바뀌면서 새로운 상품의 이미지를 갖게 된다. 대중적 명품은 물건 이외에도 여러 가지 이름표를 갖고 출현한다. 흔히 명품 아파트, 명품 도시, 명품 서비스, 명품 클럽, 명품관, 명품 요리, 명품 식당 등 명품이라는 이미지가 우리의 삶 속에 파고든다.

현대인의 삶 속에 깊숙이 스며든 이미지의 소비에서 빼놓을 수 없는 또 다른 것을 언급한다면, 이는 바로 '소비의 가장 아름다운 대상'인 육체일 것이다. 현대 소비사회의 소비 구조에 비추어 보면, 육체는 자본이자 소비의 대상인 상품이다. 육체는 아름다움과 유행의 이미지로, 그리고 유혹과 매혹의 이미지로 소비된다.

이렇게 현대인들은 사물을 소비하는 것이 아니라 사물이 담고 있거나 바깥으로 드러내는 이미지를 소비한다. 이는 이미지의 소비가 현대인의 일상생활과 일상성을 지배하는 현상임을 나타낸다. 그러므로 보드리야르의 명제(나는 소비한다. 고로 존재한다)는 보다 구체적으로 다음과 같이 쓰일 수 있을 것이다. '나는 이미지를 소비한다. 고로 존재한다'.

10. '이미지의 소비' 비판

현대 사상에서 보드리야르는 독자적인 위치를 차지한다. 그 이유는 '이미지 시대'를 살아가는 현대인들에게 이미지에 대한 새로운 이론과 관점을 제시하기 때문이다. 철학자와 사상가들의 이론이 사물의 본질(실재) 또는 실체 등의 논의에 집중한 것과 비교해 볼 때, 보드리야르의 이론은 이들의 이론과 근본적인 차이를 드러낸다.

플라톤은 『소피스트』에서 자신이 사물의 본질의 껍질이나 그림자, 즉 허상으로 간주하던 나쁜 이미지를 몰아내려고 했다. 하지만 보드리야르는 이미지를 현실의 핵심으로 부상시킴으로써 현실 인식의 패러다임을 전복한다. 그는 날이 갈수록 이미지로 현실을 인식하는 것에 익숙해져 있는 현대인들의 일상을 꿰뚫어 본 것이다.

그러면 보드리야르의 이러한 이론과 사유는 오늘날의 소비사회에서도 여전히 유효하며 설득력을 지니는가? 우리의 견해로는 보드리야르가 말하는 소비사회는 어디까지나 1950년대에서 1970년대에 이르는 시기의 사회를 지칭한다. 오늘날에는 '대중 소비사회', '과소비사회'라는 용어가 이미 등장했다. 앞으로 소비는 패션의 제국처럼 영원하고 무한한 제국으로 군림할 것이라는 견해도 있다. 이렇게 소비사회와 소비는 우리의 일상생활과 현대성을 나타내는 중요한 현상으로 자리매김하고 있다.

오늘날 도처에서 관찰되는 브랜드 이미지 소비와 감정적 (감성적) 소비를 어떻게 조정할 수 있을까? 오늘날 물신숭배 현상에 비추어 볼 때, 현대인들은 베블런이 주장하는 '과시적 소비' 모델을 따라갈 수밖에 없는 것일까? 물론 물신숭배도 그렇지만 타인과 구별짓고자 하는 욕구도 아직 사라지지 않고 있다. 이는 무엇보다 소비를 사회적 차이화의 과정으로 보는 것과 관련이 있다. 현대인들에게는 여전히 자신을 타인과 구별짓는 이미지·기호로서의 사물을 소비하는 경향이 있다는 것이다. 현대인들은 자신의 욕구에 따라 자유롭게 소비하는 것처럼 보이지만 실제로는 무의식적이고 구조적인 사회적 강제, 즉 사회적 차이화의 강제에 의해 소비하게 된다는 것이다. 이는 현대 소비사회의 체계가 차이, 즉 코드화할 차이, 소비할 차이를 요구하기 때문이다.

이런 경향은 소비자들에게 '차이'와 '차이화'를 강요하는 다음과 같은 최근의 광고들에서도 잘 드러나고 있다.

"고요하게 세상을 흔들다. 새로운 이 클래스(The new E-Class)로 진짜 구별 짓기(True distinction)를 하세요" —메르세데스 벤츠
"압도적인 차이, 휘센이 만듭니다" —LG전자
"당신의 일상에 차이를 만듭니다" —르노 삼성자동차

자크 아탈리Jacques Attali는 이 모순을 다음과 같이 설명한다.

어떤 조직 사회도 그 내부에 차이를 위한 자리를 구조화하지 않고서는 존속할 수 없다. 어떤 교환 경제도 그러한 차이를 대량 생산 또는 수열 생산의 형식으로 환원시키지 않고서는 발전하지 못한다. 자본주의의 자기 파괴는 바로 이 모순 속에 있다. … 차이 그 자체를 배제했던 논리 안에서 상실된 차이를 찾으려는 애타는 추구.

할 포스터Hal Foster의 지적처럼 이 '애타는 추구'는 상실된

차이의 회복을 위태롭게 할 뿐만 아니라, 거짓 차이, 즉 소비를 위해 코드화(기호화·이미지화)된 차이를 거짓으로 꾸며낼지도 모른다. 게다가 만일 차이가 조작될 수 있다면, 소비에 대한 저항도 거짓으로 꾸며질 수 있다. 이 지점에서 떠오르는 것이 바로 소비사회의 가면 아래 진짜 차이가 소멸되고 거짓 차이가 소비를 위해 만들어지는, 하나의 이데올로기적 지배 공간이 될 수 있는 가능성이다.

여기서 광고·패션·디자인·매체·상품 등으로 이루어지는 현대 소비사회의 체계 안에서, 현대인들이 소비하는 '차이'를 한 번 더 주목할 필요가 있다. 보드리야르에 따르면, "기호(이미지) 대상은 주어지는 것도, 교환되는 것도 아니다. 그것은 차용된다. 즉 그것은 개인 주체에 의해 기호(이미지)로, 다시 말해 코드화(기호화·이미지화)된 차이로 차용되는 것, 즉 보류되고 조작되는 것이다. 여기에 바로 소비 대상이 있다"(*CEPS*, 16). 여기에는 또한 매혹의 대상도 있다. 왜냐하면 현대인을 꼼짝 못하게 만드는 것, 현대인을 통제하는 것이 바로 이 코드의 자의적이고 인공적인 본성, 그 물신숭배적인 사실성이기 때문이다. 이로써 코드가 만들어 내는 차이, 그 차이를 조작하는 것은 소비에 대한 저항이 되기 거의 어렵다고 여겨진다.

이런 관점에서 상품은 교환가치와 사용가치를 지닌 물건이 아니라 사회의 체계와 구조에서 생산되는 차이화의 기호(이미지), 즉 기호 가치, 이미지 가치를 지니는 물건이다. 이때 물건은 대체로 욕구를 충족시키기 위해서보다는 지위와 신분과 위세를 의미화하기 위해서 소비된다. 사회적 의미를 지닌 물건은 다른 물건과의 차이를 통해 소비되는 것이다.

그러면 우리 사회에서 흔히 볼 수 있듯이, 때때로 블랙프라이데이 같은 브랜드 할인 판매 행사를 하는 백화점이나 브랜드 아울렛 매장에 소비자들이 쇄도하는 현상을 어떻게 이해하는 것이 바람직할까? 이런 현상은 대체로 소비자가 자신의 단순한 욕구를 충족시키고자 하는 열망보다는 외려 인공적인 빛을 발하는, 브랜드로 표현되는 기호와 이미지를 통해 타인과의 차이를 드러내고자 하는 욕망에서 비롯된다고 할 수 있다.

이렇게 기호와 이미지는 인간의 표현이나 세계 속 사물

의 재현으로서가 아니라 다른 기호와 이미지와의 차별적 관계 속에서 의미를 만들고 가치를 생산한다. 상징적인 물질을 추상화하는 이 과정은 어떻게 보면 상품 이미지(기호)의 논리 자체이다. 달리 말하면 우리 사회의 생산과 소비의 체계뿐만 아니라 우리의 의사소통 체계에도 깊숙이 연결되는 지배의 논리이다.

하지만 오늘날 오로지 이런 논리에만 근거하여 유명 브랜드 상품이나 대중적 명품을 구매하려는 이유를 설명할 수 있을까? 보드리야르의 견해대로 오늘날 소비자는 사회적 지위와 신분과 명성을 드러내기 위해, 차별적 개성을 나타내기 위해 그것들을 구매하는 것일까? 달리 표현하면 소비자는 오로지 사회적으로 인정받기 위해 그렇게 하는 것일까? 소비자의 이런 성향을 전혀 무시할 수 없지만 그보다는 오히려 자기 도취의 욕망 때문이 아닐까? 다시 말해서 자신을 위해 자기 만족을 느끼려는 감정적이고 감성적인 판단과 주관적인 논리 때문이 아닐까?

요즘 광고와 매체를 통해 '감정 소비', '감성 소비'의 메시지를 흔히 접할 수 있으며, 기업들 또한 소비자의 감정(감성)을 자극하는 새로운 브랜드 전략을 모색하고 있는 것도 이러한 소비 트렌드 변화와 무관하지 않는 듯하다.

예를 들어 최근 감정(감성) 소비 트렌드 중 대표적인 것은 '가성비에 가심비를 더한 **플라시보**placebo 소비일 것이다. 이런 소비는 가성비의 열광 속에서 가격 대비 마음의 만족, 즉 가심비를 추구하려는 경향이다. 그것은 제품의 성능이나 기능이 아니라 소비자의 정신적·심리적 만족과 주관적 판단에 달려 있다. 이런 소비 트렌드를 읽어 낸 〈페이스북〉은 인간의 감정을 파악하는 서비스 플랫폼을 개발했을 뿐만 아니라 인간의 감정 상태에 연결된 알고리즘 활용 방안도 모색하고 있다.

이런 소비 트렌드의 양상을 고려해 볼 때 브랜드 이미지 소비는 사회적으로 인정받으려는 욕망과 특별한 존재가 되려는 욕망에서 비롯되는 반면, 감정(감성) 소비는 자기 만족(나만의 만족)과 자기 도취의 욕망에서 생겨난다고 할 수 있다. 최근 우리 사회에는 이런 소비 형태들이 공존하고 있는 듯하다.

이제 소비는 사회적 차이화의 논리에서 비롯되는 욕망과

함께 현대인의 삶의 열정을 실현하는 사회적 이상으로서의 욕망과도 분리될 수 없다. 욕구의 이데올로기를 부정하는 이론적 비판들은 소비의 향유적 차원을 배제하려다 결국 길을 잃게 된 셈이다. 보드리야르의 경우도 마찬가지다. 소비를 '향유를 배제하는 것'으로 정의한 바 있는 보드리야르의 소비 이론은 이런 측면에서 설득력을 지니지 못한다.

이로써 현대인들이 브랜드 상품이나 대중적 명품을 상징하는 이미지에서 점차 벗어나 '욜로', '소확행', '플라시보 소비'와 같은 다양한 소비를 추구하는 상황에서, 보드리야르의 소비 이론으로 이들의 욕망과 소비 행위를 설명하는 데에는 다소 어려움이 뒤따를 수 있을 터이다.

3장
대중매체, 의사소통, 시뮬라시옹

1. 대중매체

실재가 이미지와 기호의 안개 속으로 사라진다.

매체가 정보를 생산할 때, 그리고 정보 생산이 현실이나 실재를 왜곡하고 어떤 일관성을 유지할 때 문제시되는 것은 현실의 현실성이나 실재의 실재성이다. 매체를 통해 생산된 사물과 세계는 이전의 존재론적 지위를 상실하게 된다. 특히 사물의 세계는 정보를 생산하는 매체 안에서만 의미를 갖는 이미지와 기호가 된다. 달리 말하면 매체의 지배력이 확대될수록 사물은 실재와 실재성을 잃어버린다. 사물은 매체 안에 흡수되어 이미지와 기호가 되어 버린다. 이로써 이미지와 기호로서의 사물은 매체의 조작에 의해 표피화되고 무한한 재생산(복제)을 통해 실재를 상실하게 된다.

『소비의 사회』, 『기호의 정치경제학 비판을 위하여』, 『시뮬라크르와 시뮬라시옹』에서 보드리야르는 대중매체 문화를 다루면서 현대 소비사회의 탈근대적 징후를 분석했다. 이러한 분석에서 대중매체는 현대 소비사회를 이해하는 중요한 열쇠로서 기술되고 있다. 여기서 끊임없이 보드리야르의 관심을 끈 것은 '대중매체의 지배력이 지난 시대와 일으키는 존재론적 단절'이다. 이런 단절은 『소비의 사회』와 『기호의 정치경제학 비판을 위하여』에서 사물의 의미에 대한 존재론적 물음에서 시작되고 있다. 그리고 이런 물음은 대중매체를 포함한 보드리야르의 사회문화적 분석을 움직이는 철학적 주제이다.

앞에서 언급했듯이, 보드리야르에게 사물이란 '의미작용'하는 것이며 이미지와 기호로서 '조작'되는 것이다. 이런 조작은 여기서 분석하게 될 대중매체의 조작에 연결된다. 현대 소비사회에서 대중매체의 조작과 그 지배력을 분석하기 전에 먼저 사물의 이미지와 기호의 지배를 살펴보자.

보드리야르의 관점에서 현대 소비사회에서 이미지와 기호의 지배를 어떻게 이해하는 것이 바람직할까? 개인의 존재는 이미지와 기호에 저항할 수 없는가? 가령 쇼룸과 백화점 매장을 바라보는 개인의 존재는 어떻게 되는가? 거기에서 그는 이미지와 기호로서의 사물을 바라볼 뿐이며, 사회적 차이나 차별적 개성을 나타내는 이미지와 기호의 질서 속으로 흡수되어 버린다. 이렇게 현대 소비사회에서 사물의 존재나 개인의 존재는 이미지와 기호의 질서 안으로 흡수되며, 존재하는 것은 이미지와 기호인 듯하다. 그리고 존재하는 것을 존재하게 하는 것은 이미지와 기호가 만들어 내는 가치, 특히 기호가 만들어 내는 체계인 '코드'이다. 이 코드는 현대 소비사회가 낳은 '신화'이다.

그러면 현대 소비사회를 지배하는 코드는 어떻게 해서 기호체계가 되는가? 사실 소비에 사회적 행위로서의 성격을 부여하는 것은, 소비가 자연으로부터 받아 보존하는 것

(욕구충족)이 아니라 소비가 자연과 결별하는 본질적인 방식이다.

보드리야르에 따르면, 이 방식이 소비를 코드로서 규정한다. 우리 시대를 소비라고 하는 이미지와 기호로 특징짓는 것은, 바로 이 소비라고 하는 일차적인 수준을 기호체계로 전반적으로 재조직한 것이다. 이 기호체계는 우리 시대가 자연에서 문화로 이행한 독특한 양식이라는 것을 나타낸다. 차이화된 이미지와 기호로서의 상품의 소비활동은 오늘날 우리의 언어활동인 '코드'인데, 그것에 의해 사회 전체가 소통한다(SC, 308).

보드리야르는 이 '코드'에 정치·경제·사회·문화·이데올로기 등을 관통하는 지배적인 힘을 부여한다. 특히 코드는 보드리야르의 소비사회 이론과 대중매체 이론을 연결하는 핵심적인 개념이다. 왜냐하면 코드는 대중매체를 통해 가장 효과적으로 그리고 광범위하게 전달되고, 또한 코드의 성격은 매체의 기술적 가능성에 의해 결정되기 때문이다. 보드리야르는 코드가 "이데올로기적 구조인 동시에 기술적 구조"를 지닌다고 주장한다. 여기서 그가 말하는 코드란 "텔레비전의 경우 대중문화의 이데올로기 코드(도덕적·사회적·정치적 가치 체계)와 매체 자체의 절취, 분절화의 양식이다"(SC, 191).

이처럼 코드가 이데올로기적 구조와 가치체계, 매체 자체의 조작·편집·연출이라는 기술적 구조를 지닌다는 것은 텔레비전이라는 기술적 매체에 의해 재생산된 현실(하이퍼리얼리티)이 추상성을 갖는다는 뜻이다. 현실이 기술적 매체를 통해 전달될 때, 그것은 이미 이미지와 기호로 추상화된다. 말하자면 텔레비전에서 사건과 스펙터클, 뉴스와 광고는 서로 단속적으로 이어지지만 서로 모순되지 않는 메시지, 즉 방송이라는 추상적 차원에서 다른 이미지와 기호와 조합될 수 있는 이미지와 기호로서 추상화된다.

여기서 보드리야르는 마셜 매클루언Marshall McLuhan의 유명한 공식 '매체는 메시지다'를 재검토한다. 매클루언은 매체를 넓은 의미로 사용한다. 일반적으로 매체는 의사소통 과정에서 메시지를 전달하는 수단을 가리킨다. 그것은 대체로 텔레비전·라디오·전화·영화·사진·책·그림·언어·문자 등을 지칭한다. 그런데 매클루언은 인간의 몸과 감각을 확장시키는 모든 기술을 매체라 부른다. 비행기는 날개의 확장이고, 철도는 수레바퀴의 확장이기 때문에 비행기와 철도도 매체에 포함된다. 이로써 인간이 사회생활을 통해 만들어 낸 모든 것과, 인간의 감각활동에 영향을 미치는 모든 것은 매체라 불릴 수 있다.

  그러면 매클루언이 말하는 '매체는 메시지다'라는 공식은 무엇을 뜻하는가? 그것은 "매체 자체의 기술적 속성이 인간과 사회에 영향을 미침으로써 그 자체로 어떤 메시지처럼 기능한다"는 뜻이다. 매클루언의 이 공식에 따르면 "라디오와 텔레비전이라는 매체에 의해 전달되는 진짜 메시지는 소리와 이미지의 명시적明示的 내용이 아니라는 사실을 말한다. 그 메시지는 현실을 연속적이고 등가적인 기호로 분해하는 강제적 도식이며, 이 도식은 이 매체의 기술적 본질과 관련되어 있다"(SC, 187). 그것은 말하자면 사건과 스펙터클, 뉴스와 광고를 추상적인 것으로 바꾸어 놓으며, 한쪽에서 다른 한쪽으로 이행시켜 버린다. 가령 '다큐멘터리'와 '생중계'에서와 마찬가지로, 있는 그대로의 현실은 다른 한쪽으로 밀려나고 기술 발전과 더불어 현실세계는 오히려 우리 인간에게서 점점 더 멀어져 간다.

여기서 보드리야르는 매체가 세계의 잘라 냄(조작·편집·연출)과 해석의 체계를 강요한다는 점을 지적한다. 말하자면 매체는 세계의 잘라 냄découpage과 스펙터클화라는 메시지, 세계의 부정이라는 메시지, 정보의 상품화와 그 이미지·기호로서의 내용을 찬양하는 메시지를 만들어 낸다. 매체가 메시지를 통해 전달하는 내용은 대개의 경우 실제 기능을 은폐한다. 이 내용은 메시지인 것처럼 보이지만, 진짜 메시지는 인간관계에 근본적인 영향을 미치는 가치 기준·모델·형식의 구조적 변화이다(SC, 189).

그렇다면 보드리야르가 보기에 텔레비전을 비롯한 대중매체가 전달하는 메시지는 무엇인가? 그것은 대중매체가 강요하는 '관계와 지각의 새로운 양식'이며, 집단과 사회의 전통적 구조의 변화이다. 그러나 보다 중요한 메시지는 '사물의 존재론적 의미의 변화'에 있다. 대중매체는 모든 사물과 사건이 스펙터클spectacle로 될 수 있는 가능성을 메시지로서 전달한다.

이로써 대중매체를 통해 재생산된 사물과 세계는 이전의

존재론적인 의미를 상실한다. 사물의 세계는 자체의 구속력을 상실하고, 정보를 정보로서 생산하는 매개의 형식 속에서 의미를 지니는 이미지와 기호가 된다. 다시 말해서 대중매체의 영향력이 커질수록, 사물은 내면적 실체성, 즉 자신의 본질적인 존재인 실재를 상실하게 된다.

반면에 대중매체에 흡수되는 사건은 대중매체의 추상성 속에서 등가적이고 동질적인 기호가 된다. 다시 말해서 대중매체는 현실세계에서 일어난 사건을 서로 참조하게 하는 동질적인 요소로, 서로 똑같은 내용으로 만든다. 전 세계에서 종종 발생하는 테러와 난민사태를 다루는 대중매체를 떠올려 보라. 따라서 대중매체의 추상성은 모든 사건이 지니는 고유한 성격을 약화시키고 중화시키는 데 있다고 여겨진다.

보드리야르는 텔레비전의 뉴스와 광고는 기술적 조작을 통해 현실세계를 마음대로 시각화할 수 있고 이미지로 읽을 수 있게 하지만 현실세계를 서로 연결되는 기호체계 안으로 빠져들게 한다고 지적한다(SC, 190). 이때 현실세계의 진실은 더 이상 문제가 되지 않는다. 기호체계가 되어 버린

현실세계에 대해 독해체계système de lecture의 내적 일관성만
이 문제가 되기 때문이다. 요컨대 텔레비전을 비롯한 대중
매체는 현실세계의 독해체계를 결정하며, 그 체계의 기술
적 모델로서 현실세계의 메타언어métalangage가 된다. 이로
써 대중매체는 사건으로 가득 찬 현실세계에 매우 추상적
이고 일관성 있는 자체의 논리를 강요한다.

이런 맥락에서 보면 대중매체에서 보이는 현실세계의 사
건은 일관성 있는 기호체계의 일부분이 된다. 그리고 그것
은 대중매체의 기술적 모델에 따라 세분화되고 재해석된
세계의 실체, 철저히 허구화되고 이미지화된 세계의 실체
이다. 보드리야르의 말대로 "이미지는 현실세계의 기억, 보
편적 독해의 세포와 같은 것"(SC, 190)이어서, 현실세계는 전
면적으로 이미지와 기호로 재생산된 세계이다.

가령 텔레비전에서 현실세계의 사건은 역사적·사회적·
정치적 의미를 부여받은 사건에서 '이미지로서의 이미지',
'기호로서의 기호'로 이행한다. 여기서 주목할 만한 것은 이
미지로서의 이미지, 기호로서의 기호라는 것이 바로 사건
으로서의 스펙터클한 이미지와 기호를 나타낸다는 점이다.

더욱이 이미지와 기호는 흡수되면서 사라져 버리는 것이고, 그 이상의 아무것도 지시하지 않는 것이다. 이미지와 기호는 (역사적·사회적·정치적) 사건의 독자성을 인정하지 않으며 모든 사건을 무차별적으로 재해석한다는 점에서도 사건과는 전혀 다른 것이다(SC, 191). 이것은 바로 '가짜 사건 pseudo-event'이다. 부어스틴은 오늘날 흔히 볼 수 있고, 인위적이며, 새로운 그 무엇을 가짜 사건이라 부른다. 부어스틴이 말하는 가짜 사건에 대한 전형적인 사례를 살펴보자.

부어스틴의 책 『이미지』에는 다음과 같은 예가 소개되어 있다. 한 호텔의 공동 소유주들이 홍보전문가에게 상담했다. 그들은 홍보전문가에게 호텔의 명성을 높이고 수익을 올릴 수 있는 방안을 모색할 것을 부탁했다. 그러자 그는 호텔 측에 호텔 개장 30주년 기념식을 개최할 것을 제안했다. 이에 호텔은 지역 최고 은행장, 사교계 거물, 유명 변호사, 목사 등으로 준비위원회를 구성했으며, 호텔이 지역사회를 위해 기여하고 있다는 사실을 알리기 위한 연회 형식의 '이벤트'를 준비했다. 기념 연회가 열리는 동안, 여기저기서 카메라 플래시가 터졌고, 이 행사가 언론에 보도되었으며, 이 호텔은 소기의 목적을 달성했다. 이것이 바로 가짜 사건이다.

이런 형태의 기념행사는 다소 대중을 호도할 가능성을 갖고 있다. 만일 호텔이 실제로 지역사회에 기여한 바가 없다면, 호텔은 지역의 저명 인사들로 기념행사 준비위원회를 구성하지 말았어야 했다. 반면에 호텔이 실제로 지역사회에 기여한 바가 있다면, 호텔은 홍보전문가가 기획한 그러한 거창한 행사를 개최할 필요가 없었을 것이다. 하지만 기념행사는 요란하게 진행되었고, 기념행사 자체가 호텔이 지역사회에 정말 중요한 공동체임을 증명하는 계기가 되었다. 기념행사가 실제로 호텔에 그럴 듯한 명성을 부여한 셈이다. 더욱이 기념행사의 가치를 높인 것은 전적으로 텔레비전·신문·잡지에 소개된 사진 이미지들이다.

감쪽같이 거짓인 줄 모르고 진실이라고 믿게 만드는 이 환상은 무엇인가? 그것은 바로 다양한 대중매체들이 만들어 내는 이미지이다. 오늘날 현대인들에게는 자연스러운 진짜 현실보다 환상적으로 꾸며지고 만들어진 가짜 현실(이미지)을 더 좋아하는 경향이 있다. 가짜 이미지가 진짜 현실을 압도해 버리는 것이다.

오늘날 현대인이 진실이라고 믿고 있는 많은 것들이, 진실이 아니라 해석이나 재해석의 결과물인 경우가 허다하다. 현대인은 늘 매체나 매개물을 통해 사물과 세계를 바라본다. 텔레비전·컴퓨터·스마트폰·신문·잡지·책이나 이데올로기·취향·감정 등이 항상 끼어드는 것이다. 의심의 여지없이 진실이라고 믿고 있는 것들은, 대부분 진실이 아니라 이와 같은 매체나 매개물을 통해 읽어 낸 것이다. 문제는 현대인이 해석이나 재해석을 아무런 의심 없이 진실로 받아들인다는 데 있다.

플라톤의 '동굴의 비유'에 나오는 사람들을 보면 이를 쉽게 알 수 있다. 어릴 때부터 평생 동굴의 벽만을 바라보도록 두 팔과 두 다리가 묶여 있는 사람들은, 등 뒤의 불빛이 벽에 그려 낸 그림자(이미지)를 실재로 착각하여 살아간다. 동굴 밖으로 나온 뒤에야 그것이 실재가 아니라 그림자(이미지)라는 진실을 알게 된다.

이런 왜곡이 오늘날에도 여전히 현실세계의 일상생활 속에 스며들고 있다. 그렇다면 무엇이 이 왜곡을 조장하는

가? 특히 대중매체가 이 왜곡에 앞장선다. 대중매체가 현실세계를 재해석함으로써 산출된 가짜 현실은 더욱더 현실세계의 실재성을 사라지게 한다. 대중매체의 지배력이 확대될수록, 이미지와 기호 그리고 매체의 기술적 조작에 근거하는 인공물인 '네오리얼리티néo-réalité'가 도처에서 현실이나 실재를 대체하게 된다.

대중매체의 일반화는 현실세계를 이미지와 기호로 바꾸어 놓으면서 현실세계의 소멸을 초래한다. 달리 표현하면 보드리야르의 시각에서 이미지와 기호의 시대에 새롭게 출현하는 것은 가짜 현실의 세계, 즉 "가짜 사건, 가짜 역사, 가짜 문화의 세계"(SC, 194)이다. 이러한 세계는 이미지와 기호에 따라 세분화되고 여과되고 재해석된 세계이다.

따라서 현대세계의 일상생활에서 "인공물, 화장, 가짜 사물, 가짜 사건을 생산하는 이 거대한 기획을 진짜 '내용'의 왜곡으로 해석"(SC, 195)해서는 안 된다. 대중매체의 영향력이 커질수록, 대중매체는 내용에 대해 '악의 섞인' 재해석을 훨씬 초월하는 차원에서 의미를 왜곡한다. 그리고 정치를 비정치화하고, 문화를 비문화적인 것으로 만든다. 이것은 바로 모든 것의 형태적 변화이다.

요컨대 대중매체의 지배력이 초래하는 것은 바로 현실세계(실재세계)를 사라지게 하는 시뮬라시옹simulation 과정이다. 보드리야르는 이 시뮬라시옹 과정이 현대세계의 일상생활의 모든 영역에서 진행되고 있음을 파악했다. 다시 말하면 이 시뮬라시옹 과정의 일반화에 주목했다.

현대 소비사회의 탈근대적 징후를 관찰했던 그는 『시뮬라크르와 시뮬라시옹』을 발표하기 이전에 이미 『소비사회』와 『기호의 정치경제학 비판을 위하여』에서 시뮬라시옹 과정의 일반화에 대해 언급했다. 그리고 이 시뮬라시옹 과정을 주로 대중매체와 관련하여 설명했다. 사실 보드리야르의 여러 저서에서 대중매체에 대한 논의는 현대 소비사회를 이해하는 라이트모티브가 되고 있다. 왜냐하면 거기서 그는 "대중매체의 지배력이 지난 시대와 일으키는 존재론적 단절"을 극명하게 보여 주기 때문이다.

여기서 눈여겨봐야 할 것은 대중매체의 기술적 가능성 속에서, 그 무한한 재생산(복제) 가능성 속에서 '실재로서의 고유성'이 상실된다는 점이다. 따라서 대중매체에 의해 흡수되고 재생산되는 실재세계의 존재론적 운명이 문제가 된다. 대중매체가 범람하는 현대 소비사회의 문화적 현상에 주목했던 보드리야르는 시뮬라시옹 이론을 통해 이 실재세계의 존재론적 운명을 구체화하고자 한다. '실재가 이미지와 기호의 안개 속으로 사라진다'라는 보드리야르의 유명한 명제는 대중매체에 의해 실재의 세계가 소멸된다는 점을 함축적으로 표현하고 있는 셈이다.

2. 광고: 진실과 허위를 넘어서

보드리야르는 소비사회의 소비와 광고에 대해 다음과 같이 기술하고 있다.

소비는 하나의 신화이다. … 어쨌든 현대사회가 소비를 행하는 한 소비사회로서 스스로를 관념적으로 소비하는 셈이다. 광고는 이 소비의 관념에 바쳐진 찬가이다(SC, 311-312).

소비사회에서 광고는 사물의 체계에 필요불가결한 요소

이다. 광고가 소비와 관련 있을 뿐만 아니라 광고 자체가 소비되는 사물이 되기 때문이다. 『소비의 사회』에서 보드리야르는, 광고는 사물을 사건으로 만든다고 말한다. 다시 말하면 광고는 사물의 객관적 특성을 제거하면서 사물을 사건으로 구성한다.

보드리야르는 "선전이 더 이상 자연스런 알림이 아니라 조작된 뉴스가 되었을 때 현대 광고가 탄생했다"(SC, 196)라고 강조한다. 보드리야르의 이런 시각에서 볼 때 광고는 '사물'과 '사건'을 연출하고, 이야기를 꾸며 내는 신화적 세계이다. 유행이 아름다움과 추함을 초월하듯이, 현대적 사물의 기호 기능이 유용함과 무용함을 초월하듯이 광고는 진실과 허위를 넘어선다는 것이다. 이 점에서는 보드리야르는 부어스틴의 다음과 같은 견해를 수용하는 듯하다. "광고의 기술은 진실도 허위도 아닌 설득력 있는 문안을 만든다"(SC, 197). 여기서 한 걸음 더 나아가 보드리야르는 광고의 이미지와 문안이 소비자들의 합의consensus를 강요한다고 지적한다. 달리 말하면 소비자들은 광고의 메시지를 해독하면서 메시지가 편입되어 있는 코드에 자동적으로 동화되기를 요청받는다는 것이다(*SC*, 192).

그렇다면 광고에는 어떤 본질적인 기능이 있는가? 보드리야르가 보기에 꿈처럼, 광고는 상상적인 가능성을 정하고 그 방향을 바꾼다. 광고는 본질적으로 과장되고 조작되며 실제로는 완전히 내재적이다. 현대 도시의 광고 게시판에서, 텔레비전의 스크린에서 소비자들이 목격하는 것은 온통 설명과 자막들이다. 그러나 이 모두는 보잘것없는 소재로부터 생생한 이야기를 꾸며 낸다. 광고와 소비의 기능은 '사회적 합의' 속에서 사회적 가치의, 사회적 이미지 가치의 자연스러운 흡수를 조장한다.

이 지점에서 사물에 대한 설명을 통해 광고의 담론을 이해할 필요가 있다. "사회 전체가 얼마만큼 당신의 취향과 욕망에 계속해서 맞추고 있는지 파악해 보세요. 따라서 당신이 이 사회에 동화되는 것은 당연한 일입니다"(*SO*, 244). 패커드Packard가 말하는 것처럼, 설득은 은밀히 이루어지지만, 설득의 목적은 구매의 강요나 사물에 의한 조작이라기보다는 이 담론이 암시하는 '사회적 합의'에의 동의다. 가령 오늘날 스마트폰은 사회생활과 일상생활에 절대적으로 필요한 사물이 되고 있다. 한국 인구의 93% 정도가 스마트폰을 사용한다고 한다. 스마트폰 없이는 소통이 불가능한 것이 지금의 현실이다. 이는 사람들이 스마트폰 없이는 소통이 불가능한 사회에 흡수되고 동화되고 있음을 여실히 보여 준다. 여기에 한술 더 떠서 광고가 소비자의 욕망을 부추긴다. 실제로 〈애플〉이나 〈삼성〉의 신제품 스마트폰 출시 광고에 한국인뿐만 아니라 전 세계인의 시선이 집중된다.

현대인들은 기호와 이미지로 제품의 단순한 필요성을 초월할 수 있는 사회를 환상적으로 표명하는 광고에 영향을 받는다. 말하자면 스펙터클·놀이·연출로서의 광고의 존재 자체에 더욱더 민감해진다. 광고는 사회 전체의 실제적 또는 잠재적인 구매력을 위한 선전 포스터의 역할을 한다. 이로써 제품은 더 이상 그 자체로 간주되지 않고 무조건적인 사물로 간주된다.

광고 이미지는 현대인들에게 사물에 대해 말해 준다. 그러나 광고 이미지는 어떤 활동의 관점에서 사물을 설명하지는 않는다. 실제로 광고 이미지는 '실재가 부재하는 세계'

에 관련된다. 광고 이미지는 해독되기 위해 거기에 존재하는 것이다.

광고 이미지가 정보를 전달한다면, 완전한 해독 그리고 실천의 영역을 향한 전환이 발생할 것이다. 광고 이미지는 '실재의 부재'를 지향하는 역할도 맡는다. 이때 광고 이미지의 해독은 자동적으로 이루어진다. 보드리야르에 따르면, 이는 '실재의 부재'에 의해, 말하자면 '욕구불만'에 의해 끊임없이 결정되는 '욕구충족'의 특수한 체계 면에서 조직된다(SO, 247).

보드리야르의 말대로 "이미지는 공허를 만들어 내고 실재의 부재를 지향한다." 그래서 이미지는 환기한다. 그러나 이미지는 기만적이다. 사물에 대한 정신집중을 일으키는 이미지는 해독의 차원에서 사물을 뛰어넘는다. 이미지는 그 자체가 드러내는 동시에 감추는 사물에 불확실한 생각을 집중시킨다. 이미지는 실망시킨다. 이미지의 기능은 보여 주고 실망시키는 것이다. 시선은 접촉의 가정에 근거하고 있고, 이미지와 이미지 해독은 소유의 가정에 근거하고 있는 셈이다.

따라서 현대 소비사회에서 광고는 환각적인 만족이나 세계를 향한 실제적인 중재를 제공하지 않는다. 오히려 광고가 만들어 내는 것은 이루어지지 않는 욕망, 즉 '사물의 가짜 출현', '욕망의 가짜 출현'이다. 여기서 보드리야르는 실제로 과잉의 "이미지는 언제나 실재를 향한 전환을 회피하고, 욕구불만을 교묘하게 조장하고, 환각적인 만족의 수준에 의식의 흐름을 붙들어 두려 한다"(SO, 249)라고 강조한다.

결국 이미지와 이미지 해독은 사물을 향한 최단거리가 아니라 다른 이미지를 향한 최단거리이다. 하나의 이미지는 또 다른 이미지를 만들어 내고, 이렇게 생겨난 다른 이미지는 또 새로운 이미지를 만들어 내기 때문이다. 따라서 수면 직전 상태에서 느낄 수 있는 일시적인 이미지처럼 광고 이미지는 계속해서 생겨난다.

이런 방식으로 이미지가 실재를 회피하고 욕구불만을 산출하는 것을 주목할 필요가 있다. 이미지가 회피한 실재 원칙이 어떻게 욕망의 끊임없는 억압(욕망의 스펙터클화, 욕망의 정지, 욕망의 환멸)으로 나타나는지를 분석할 수 있기 때문이다.

이와 더불어 광고 이미지가 사회 전체의 질서와 맺는 깊은 공모도 파악할 수 있을 것이다. 광고는 기술적인 의미로 사회의 가치를 전달하지 않는다. 광고 이미지가 욕구충족과 욕구불만이라는 이중적 결정 체계 속에 사회의 질서를 끼워 넣는 것은, 오히려 매우 미묘하게 가정의 모호한 기능을 통해서일 것이다.

그렇다면 광고 이미지는 어떤 양상을 띠는 것인가? 보드리야르에 따르면, "광고 이미지는 대체로 해독하기 매우 쉽기 때문에 보잘것없고 피상적인 것이 된다"(SO, 251). 말하자면 여전히 여러 가지 뜻으로 해석될 수 있는 광고 이미지는 자체의 의미를 제한한다. 그리고 해독되는 방식에 의해 광고 이미지는 언제나 다른 이미지와 관계를 갖는다.

이런 양상 아래서 광고 이미지를 자세히 살펴보면, 광고는 깊이가 없어 보인다. '추상적 표피'인 이미지가 '깊이의 본질'인 실재를 압도하기 때문이다. 보드리야르의 말대로 "광고는 의미의 완전 부재degré zéro이다." 현대인들은 도처에서 쏟아지는 무제한적 광고에 노출되어 있다. 이런 공세 속에서 광고의 황홀경은 광고의 사라짐, 즉 광고의 실재의 사라짐을 나타낸다. 광고 언어의 힘은 정보과학의 정보 처리 언어에 의해 도난당한 셈이다. 디지털성digitalité은 더욱 끔찍하다. 이미지가 실재보다 더 실재적이 될수록, 이미지는 더욱 사악해진다. 이것이 바로 '이미지라는 악마démon d'image'이다.

『소비의 사회』에서 보드리야르는 다가올 미래에 펼쳐질 이런 상황을 다음과 같이 예측하고 있다. "광고가 하는 말은 광고의 기호(이미지)가 만들어 내는 실재(하이퍼리얼리티)에 의해 인정받는다는 사실을 전제로 한다"(SC, 198). 여기에 덧붙여 보드리야르는 "광고는 사물을 가짜 사건으로 만드는데, 이 가짜 사건이 광고의 담론에 대한 소비자의 동의를 통해 일상생활의 실제 사건이 된다"(SC, 198)라고 주장한다. 이 경우 여론조사에 의한 예측과 완전히 똑같으며, 어디까지 진실이고 허위인지 알 수 없다. 이는 소비사회에서 일상생활이 광고를 통해 시뮬라시옹 모델modèle de simulation의 복제, 즉 '진짜보다 더 진짜 같은 가짜'가 되고 있음을 보여 준다.

3. 쇼윈도

현대 소비사회에서 쇼윈도는 광고와 더불어 소비 활동의 흐름을 파악할 수 있는 중요한 문화공간이다. 보드리야르의 말대로 "쇼윈도는 유행의 논리(그리고 말없이 행해지는 스펙터클의 논리)를 끊임없이 받아들임으로써 사회 전체가 등질화되는 장소, 즉 합의 행위, 의사소통과 가치 교환이 이루어지는 장소이다"(*SC*, 264). 달리 표현하면 쇼윈도라는 상점 안도 바깥도 아니며 사적 장소도 공공 장소도 아닌 특수한 공간, 경우에 따라 거리의 일부이면서 투명한 유리 뒤에서 상품의 지위 및 상품 자체와의 거리를 유지하는 이 공간은 특수한 사회 관계의 장소이기도 하다(*SC*, 264-265).

『소비의 사회』에서 보드리야르는 쇼윈도 쇼핑에 대해 다음과 같이 기술하고 있다.

끊임없이 욕구불만을 불러일으키는 쇼윈도에 비친 환상의 세계에서의 쇼핑의 망설임은 교환이 이루어지기 전에 재화를 찬양하는 뉴칼레도니아인의 춤에 비유된다(*SC*, 265).

쇼윈도에는 사물이 화려하게 연출되고 '실재보다 더 실재적인 것'으로 진열되어 있다. 광고의 경우처럼 사물을 무조건적으로 보여 주기 위해 진열되어 있지 않다. 오히려 돋보이게 하는 효과를 노리기 위해 진열되어 있는 셈이다. 쇼윈도 속에 연출되어 진열된 사물과 인간의 의사소통을 어떻게 이해하는 것이 바람직할까? 보드리야르는 사물과 인간의 의사소통은 사물에 담겨 있는 기호와 기호체계를 읽어내거나 인식하는 것을 통해 실현된다고 강조한다(SC, 265).

보드리야르에 따르면 소비란 "기호를 흡수하고 기호에 의해 흡수되는 과정"(SC, 308)이다. 그러므로 소비사회에서 개인의 존재는 허구가 된다. 여기에서는 "기호의 발신과 수신만이 있을 뿐이다. 개인의 존재는 기호의 조작과 계산 가운데 소멸한다. 소비의 인간은 자신의 욕구와 자신의 노동의 생산물을 직시하는 일도 없으며, 자신의 이미지와 마주 대하는 일도 없다. 그는 자신이 늘어놓는 기호의 내부에 존재하는 것이다"(SC, 309).

이런 맥락에서 쇼윈도를 바라보는 개인의 존재는 어떻게 되는가? 거기서 그는 기호로서의 사물을 바라볼 뿐이며, 바라보는 것에 의해 그는 사회적 지위나 차별적 개성을 나타내는 기호의 질서 속으로 흡수되어 버린다. 따라서 쇼윈도는 소비 그 자체가 그리는 궤적을 반영하는 장소이며, 개인의 존재를 반영하기는커녕 오히려 흡수해서 없애 버린다.

이런 상황을 인식한 보드리야르는 소비사회에서 "소비의 진정한 주체는 개인이 아니라 기호의 질서이다"(SC, 310)라고 주장한다.

4. 육체: 소비의 가장 아름다운 대상

현대 소비사회에서 육체는 광고와 패션에서뿐만 아니라 대중문화에서도 중요한 자리를 차지한다. 보드리야르의 말대로 "육체는 모든 소비 대상 중에서 그 어떤 것보다 아름답고" 가치 있고 "멋진 대상"이기 때문이다(SC, 199). 그래서 육체는 경제적으로 투자되고 심리적으로 집착하게 되는 자신의 고유한 지위를 갖는다. 육체를 둘러싼 위생·영양·의료에 대한 관심, 외양·젊음·우아함·남성다움·여성다움에 대한 강박관념, 성형·미용 그리고 날씬해지기 위한 식이요법 등을 떠올려 보라. 육체의 지위는 이미 문화적 사실로서 받아들여지고 있다.

현대 소비사회의 소비 구조에 비추어 볼 때, 육체는 자본이자 소비 대상(상품)이다. 말하자면 육체는 자본으로서의 육체와 소비 대상으로서의 육체로 다루어진다. 이 두 경우에 육체는 부정되거나 거부되지 않고 관리되거나 투자된다. 여기서 주목할 만한 것은 "자신의 육체에 열중하고 내부로부터 자기 도취적으로 육체에 집착하는"(SC, 203) 것이다.

이는 육체를 근본적으로 알기 위한 행위가 아니다. 오히려 소비사회의 스펙터클의 논리에 따라 육체를 외부로 향하게 하여 다른 대상보다 더 쾌락적이고 완벽하고 기능적인 대상으로 만들기 위한 것이다. 이렇게 육체에 대한 자기 도취적인 열중과 집착은 결국 광맥을 발굴하듯 육체를 윤기 있고 부드럽게 다루어서 행복·건강·아름다움·유행의 기호로, 그리고 유혹과 매혹의 기호로 나타나게 한다(SC, 203).

이런 현상은 한국 사회에서 여전히 유행하는 '몸짱'이나 '얼짱'이라는 개념으로 구체화되고 있다. 예전에 정신/육체라는 이원적 대립에서 상대적으로 열등한 위치를 차지하던 육체는 이제 자신의 가치를 드러내는 기호로 바뀌게 된 셈이다. 이런 추세는 남자와 여자 모두에게 확산되고 있다. 특히 요즘 남자들은 최신 유행의 몸매를 따라잡기 위해 종종 몸매 개조 작업에 나선다. 그래서 현재 한국사회에서 남자의 이상적인 몸매는 우락부락한 큰 근육보다 가늘고 긴 근육이 발달해 옷매무새가 잘 드러나면서도, 왜소하거나 빈약해 보이지 않는 몸매이다. 이러한 슬림한 몸매는 육체의 기호로 표현되면서 젊은 세대만의 꿈이 아니라 매력적인 남자의 새로운 기준이 되고 있다. 새로운 '몸짱'의 기호를 만들어 내는 연예인이나 대중스타가 '몸짱'의 코드를 형성하는 것이다. 이런 관점에서 보드리야르의 주장대로 "육체는 심리적인 의미에서 소유되고 조작되고 소비되는 대상들 중 가장 아름다운 대상"(SC, 204)이 될 수 있다.

어떤 측면에서 육체에 대한 자기 도취적인 열중은 타인과의 경쟁에서 우위를 점유할 수 있고 경제적으로 유효한 투자가 될 수도 있다. 달리 말하면 관리된 육체는 현대 소비사회의 메커니즘에 따라 투자되어 이윤을 창출할 수 있다는 것이다. 보드리야르의 시각에서 볼 때 이제 "육체는 주체의 자율적 목적에 따라 투자되는 것이 아니라 향유와 쾌락주의적 효율성의 규범적 원리에 따라, 그리고 소비사회의 사회적 코드에 따라 투자되는 것이다"(SC, 204). 요컨대 육체는 자산처럼 관리되고 운영되며 사회적 지위를 나타내는 다양한 기호 중 하나로 조작된다. 이로써 향유와 더불어 위세를 뽐내는 도구로서의 육체는 아름다움을 기호 가치로 나타낸다.

이렇게 현대 소비사회에서 육체의 아름다움은 사회적 지위의 한 형태 혹은 자본의 한 형태로서 절대적인 지상명령과 같은 것이 되고 있다. 아름답게 되는 것은 더 이상 타고난 결과가 아니며, 도덕적 자질에 덧붙여지는 것도 아니다. 그것은 자신의 외모와 몸매를 가꾸는 현대인의 기본적이고 불가결한 자질이다. 그리하여 아름다움에 대한 현대인의 욕망을 실현시킬 수 있는 성형이 도처에서 성행한다.

이런 성형에는 분명 소비의 질서와 소비 이데올로기가 작동한다. 이미 성형은 자본의 논리와 결탁했으며, 상품의 차이화와 개성화처럼 아름다움의 차이화와 개성화를 조장하고 있다. 육체의 아름다움 그 자체가 자본의 한 형태이기 때문이며, 아름다움의 이상적 모델인 대중 스타의 아름다움이 차이와 개성을 만들면서 성형을 부채질하고 있기 때문이다.

이런 맥락에서 자본의 논리에 근거하여 육체의 아름다움을 좀 더 자세히 살펴보자. 육체의 아름다움의 가치란 곧 유행의 가치인데, 육체의 구체적인 사용가치에서 기능적인 교환가치로 환원되는 것으로 규정될 수 있다. 이 경우 "교환가치는 완성된 육체의 관념, 욕망과 향유의 관념을 추상화하며, 나아가 이 관념들을 부정하고 기호의 교환 가운데 사라진다"(SC, 207). 왜냐하면 육체의 아름다움이란 교환되는 기호일 뿐이며, 기호 가치로 기능하기 때문이다.

가령 패션 모델의 육체는 더 이상 욕망의 대상이 아니다. 그것은 패션과 에로틱한 것이 혼합되어 있는 기호들의 광장이자 기능적인 대상이다. 보드리야르는 "패션과 에로틱한 것이 결코 욕망 속에 존재하지 않고 기호 속에 존재하듯이, 패션 모델의 아름다움은 결코 표정 속에 있지 않고 몸매에 있다"(SC, 209)라고 강조한다. 보드리야르가 보기에 육체의 아름다움이 추상성과 투명성 속에서 온전히 기호로 존재하기 때문이다. 따라서 현대 소비사회에서 육체의 아름다움과 아름다운 육체는 상품의 기호처럼 기호로 소비된다고 여겨진다.

5. 스펙터클과 이미지

보드리야르의 『소비의 사회』(1970)와 드보르의 『스펙터클 사회』(1967)는 거의 비슷한 시기에 출간되었다. 보드리야르는 현대사회를 소비사회로 보았고, 드보르는 스펙터클 사회로 파악했다. 『소비의 사회』에서 보드리야르는 대중매체와 관련하여 스펙터클에 대해 다음과 같이 언급하고 있다.

대중매체에서 수신되고 동화되고 '소비되는' 것은 이러이러한 스펙터클이라기보다는 오히려 모든 것이 스펙터클이 될 수 있는 가능성이다(SC, 189).

소비사회에서 모든 것은 소비의 논리에 사로잡혀 있는

데, 보드리야르는 특히 "모든 것이 스펙터클화spectaculariser 된다는 점에서, 다시 말해서 소비가능한 이미지·기호·모델로 환기되고 유발되고 조직된다는 점에서 그러하다"(SC, 308)라고 강조한다. 여기에는 소비의 기능과 욕구가 분명 '조작된다'는 것을 전제로 한다.

보드리야르와 드보르의 관점에서 우리가 살고 있는 현대사회의 현실은 스펙터클의 내부에서 솟아나고, 스펙터클이 현실적이 되고 있는 듯하다. 스펙터클이 현실의 모든 곳에 침투하여 현실 전체를 '조작'하고 있기 때문이다. 따라서 일상생활은 스펙터클에 의해 휩쓸리게 되고 스펙터클이 만들어 내는 질서나 영역을 받아들이게 된다.

이로써 현대사회에서 스펙터클이라는 개념은 유행하는 상투어처럼 이론적 담론과 대중적 담론에서 일상적으로 통용되고 있다. 그러면 스펙터클이라는 개념은 무엇을 뜻하는가? 스펙터클은 "매우 다양한 가상적 현상들phénomènes apparentes을 통일시켜 설명해 주는" 복합적인 용어이다. 어떤 의미에서 스펙터클 개념은 이미지와 기호의 소비, 스펙터클의 소비를 전제로 하는 소비사회를 내포한다. 하지만 다른 의미에서 그것은 현대사회의 제도적·기술적 장치 및 시스템을 통해서 인간을 '사회적 조작'에 종속시키는 수단과 방법을 내포한다.

드보르는 『스펙터클 사회』의 첫머리에서 "현대의 생산조건들이 지배하는 사회에서 모든 삶은 스펙터클의 거대한 축적으로 나타난다"고 말하면서 스펙터클 사회의 특성을 다음과 같이 요약한다.

스펙터클은 총체적으로 파악할 때 현존하는 생산양식의 결과이자 그 기획이다. 스펙터클은 정보이든 선전이든, 광고이든 오락의 직접적인 소비이든 그 모든 특수한 형태들 속에서 사회적으로 지배적인 삶의 현존하는 모델을 구성한다. 스펙터클은 생산과 그 필연적인 귀결인 소비 가운데 '이미 행해진' 선택을 도처에 드러내 보인다.

생산조건과 산업발전에 의존하는 현대사회는 우발적으로 혹은 피상적으로 스펙터클한 것이 아니라 본질적으로 스펙터클주의적이다. 따라서 스펙터클은 '지배경제의 이미지image de l'économie régnante'이다. 가령 〈애플〉이나 〈삼성〉의 스마트폰, 〈스타벅스〉 커피, 〈맥도날드〉, 전 세계 매장에서 3초에 한 개 팔린다는 〈루이비통〉 가방 등은 '지배경제의 이미지'로서 스펙터클을 분비한다.

이런 관점에서 오늘날 생산되는 상품들에 달라붙는 필요 불가결한 장식물로서, 그리고 무수히 증대하는 이미지 상품들을 만들어 내는 경제 부문으로서 스펙터클은 현대사회의 주요한 생산물이다. 뿐만 아니라 스펙터클은 경제가 인간의 삶을 완전히 지배하는 한 인간을 스펙터클 그 자체에 예속시킨다. 스펙터클은 그 자체 이외의 그 어떤 것도 추구하지 않으며, 오직 그 자체만을 위해 발전하는 경제일 뿐이다. 따라서 소비사회에서 이미지 상품의 광고를 통해서 "우리가 소비하는 것은 상상할 수 있는 모든 스펙터클이 차례로 나타날 수 있는 가능성이다"(SC, 187)라고 보드리야르는 강조한다.

여기서 현대인이 스펙터클에 대해 어떤 반응을 보이는지 주목할 필요가 있다. 대부분의 현대인은 스펙터클의 집중적인 사용으로 인해 논리의 결여와 수동적 사유를 초래하고 있다. 일반적으로 논리와 사유는 대화를 통해 사회적으로 형성되는데, 현대인은 깊이 사유하기를 싫어하는 까닭에 중요한 것과 보잘것없는 것, 어떤 결과가 내포하는 모든 것과 동시에 그것이 금지하는 것을 즉각적으로 분간하지 못한다. 스펙터클은 오로지 "보이는 것은 좋은 것이며, 좋은 것은 보이는 것이다"라고 스스로 말하면서 현대인을 매혹한다.

스펙터클이 현대인에게 요구하는 전략은 바로 현대인의 **수동적 수용**이다. 말하자면 스펙터클은 자신이 보이는 방식, 즉 실제로 존재하지 않는 거짓 모습인 가상apparence의 독점에 의해 이러한 수동적 수용을 이미 획득하고 있다. 이 수동적 수용과 관련하여 드보르는 다음과 같이 말한다.

스펙터클은 현대의 수동성의 제국 위에 머물고 있는 결코 지지 않는 태양이다. 그것은 지구의 모든 표면을 완전히 뒤엎으면서 무한히 자신의 영광 속에 잠겨 있다.

드보르의 지적처럼 현대인은 무의식적·무의지적·무비

판적으로 스펙터클을 수용하고 있는 듯하다. 스펙터클에 대한 이 수동적 수용으로 인해, 따라서 현대인은 스펙터클이 만들어 내는 질서를 따를 수밖에 없다. 말하자면 그는 스펙터클이 자신의 머릿속에 입력시킨 광고 언어 같은 대중매체 언어를 따를 것이다. 왜냐하면 그것은 그에게 익숙해진 언어이기 때문이다. 이런 현상은 스펙터클의 지배가 현대인으로 하여금 능동적 사유 없는 기만적인 삶에의 끊임없는 기만적인 집착을 강요하는 것과 관련이 있다. 달리 말하면 보드리야르의 말대로 스펙터클과 "이미지(기호)의 네트워크로서의 기능"을 하고 있는 광고가 소비자에게 "수신의 유일한 도식, 즉 소비의 도식을 강요하는 것"(SC, 186-187)과 관련이 있다.

이 지점에서 스펙터클 사회를 묘사하는 적합한 말을 떠올려 보자. 오래 전에 빅토리엥 사르두Victorien Sardou는 '교활한', '기만적인', '위선적인', '유혹적인', '함정이 있는', '궤변적인' 말들 사이에서 파악해야 할 뉘앙스를 정의한 바 있다. 이러한 말들은 오늘날 스펙터클 사회를 묘사하는 데 적합한 색채를 구성한다. 더욱이 '혼란스러운', '인위적으로 유도한', '침투한', '조작된', '침해한', '뒤흔들어 놓는' 등의 말들과 뒤섞이면서 사회나 집단이 일반적으로 직면하리라고 예상되는 위험의 유사하지만 매우 다른 의미를 연상시킨다. 자세히 살펴보면, 스펙터클 사회는 '조작'과 '왜곡'의 숨은 의미를 지니고 있다.

보드리야르는 "사람들이 유희 속으로 들어가는 한, 스펙터클 속에서 가짜인 모든 것이 진짜가 된다"라고 말한다. 오늘날 도처에서 가짜가 진짜를 대신하는 경향이 있다. 스펙터클과 이미지는 진실과 허위의 경계를 무너뜨린다. 가상apparence의 조직이 믿게 하는 허위의 바로 눈앞에서 경험된 모든 진실이 억압되기 때문이다.

그러므로 사물보다 이미지를, 원본보다 복제를, 본질보다 가상을, 실재보다 재현을 좋아했던 자기 시대에 대한 루트비히 포이어바흐Ludwig Feuerbach의 판단은 스펙터클과 이미지의 시대에 의해 완전히 입증되고 있다. 드보르에 따르면 "스펙터클은 가상의 존재를 드러내 보이며, 모든 인간적인 삶, 즉 모든 사회적 삶이 한낱 가상"에 지나지 않는다. 그리하여 스펙터클 사회에서 직접 경험한 모든 것이 재현으로 물러난다. "스펙터클은 일련의 이미지가 아니라 이미지에 의해 매개되는 사람들 사이의 사회적 관계이다."

그러나 드보르는 매개되지 않은 삶과 현실을 추구하려고 했다. 일상적인 삶은 그것을 통제하고 지배하는 이미지에 의해 매개되기 때문이며, 현실세계는 스크린 위에 펼쳐지는 끔찍하게 매혹적인 기록영화가 될 정도로 현실 자체가 스펙터클에 의해 전도되기 때문이다. 현실세계가 오로지 이미지로 변하는 세계에서 이미지는 현실적 존재가 되며, 최면상태에 빠진 무의식적인 활동을 야기하는 동기가 된다. 스펙터클은 이미지의 매개를 통해 더 이상 직접 포착할 수 없는 세계를 보여 주는 경향을 갖는다. 이미지의 매개체인 스마트폰을 통해 뉴욕 맨해튼의 타임 스퀘어에서 엿보이는 스펙터클과 이미지의 세계를 들여다보라.

인간의 감각은 다른 시대에는 촉각이었다. 스펙터클은 그것을 시각으로 대체한다. 가장 추상적이고 가장 신비화되기 쉬운 감각인 시각은 오늘날 일상적 삶에 많은 영향을 끼친다. 말하자면 현대인은 시각적이 되어 버린 삶을 영위한다.

그러면 광고·매체 이벤트·오락·대중매체를 통해 무한히 분출되는 스펙터클은 어떻게 이해되어야 하는가? 드보르는 스펙터클은 시각세계의 남용으로 그리고 이미지를 대량으로 확산시키는 기술의 산물로 이해해서는 안 된다고 강조한다. 이런 차원을 넘어서 오히려 "물질적으로 표현된 실질적인 세계관이자 대상화된 세계관"으로 이해하는 것이 바람직할 듯하다.

그러나 스펙터클이 시각을 통해 삶을 부정적으로 만드는데도, 현대인은 스펙터클에 사로잡혀 삶의 현실이나 실재를 제대로 보지 못한다. 이런 상황을 벗어나기 위해서는 스펙터클의 진실에 도달하는 비판이 절실히 요구된다. 즉 스펙터클을 삶의 시각적 부정으로서, 다시 말해서 시각적이되어 버린 삶의 부정으로서 폭로하는 일이다. 다양한 매체를 통해 세계를 바라보게 하는 경향을 지닌 스펙터클은 당연히 시각적이 되기 때문이며, 가장 추상적인 이 시각이 현대세계의 일반화된 추상, 즉 이미지에 상응하기 때문이다.

이로써 기술의 차원에서 스펙터클이 실험하고 대중화했던 매체에 의해 구성되고 선택된 이미지가 개인과 그 자신이 바라본 세계와의 중요한 관계가 되었을 때, 이미지가 모든 것을 받아들이고 삼킨다는 것은 주지된 사실이다. 왜냐하면 같은 이미지 속에는 어느 것이라도 모순 없이 나란히 놓일 수 있기 때문이다. 이미지의 흐름은 모든 것을 빼앗는다. 마치 매체가 단순하게 축소된 감각세계를 마음대로 지배하듯이 말이다. 따라서 현대세계의 매체를 통해 "모든 것이 스펙터클과 기호(이미지)로서만 출현한다"(*SC*, 187)라는 보드리야르의 지적은 다소 설득력이 있다고 여겨진다.

6. 스펙터클과 이미지는 모든 것을 삼킨다

현대 소비사회에서 현실세계가 이미지로 표현될 때, 이미지는 무엇이 되는가? 보드리야르가 보기에 이미지는 현실적 존재가 되고 현실의 지배적인 요소가 된다. 드보르는 현대세계의 사회적 관계의 현상은 이미지에 의해 매개된다고 생각한다. 이들 사상가의 견해를 고려해 보면, 이미지는 분명 현대세계의 일상성과 일상생활을 통제하고 지배한다고 할 수 있다. 이런 상황에서 현대인들이 '이미지의 세상'

에서 살아간다고 말해도 무방할 것이다. 실제로 그들은 이미지에 둘러싸여 이미지의 울타리를 벗어날 수 없는 듯하다. 오늘날 유튜브와 인스타그램에서 넘쳐 나는 이미지를 떠올려 보라. 상품 이미지, 광고 이미지, 패션 이미지, 디자인 이미지, 매체 이미지, 의사소통 이미지, 이러한 이미지들이 현실 전체에 깊숙이 침투하여 현실 자체를 움직인다.

이로써 현대인들은 점점 더 이미지를 소비할 수밖에 없게 되며, 소비는 당연히 이미지의 소비를 포함하는 과정으로 이해된다. 즉 "사물보다 이미지를, 본질보다 가상apparence"을 더 좋아하는 시대에는 사물(상품)이 소비되는 것이 아니라 이미지가 소비된다는 것이다. 말하자면 현대인들이 소비하는 사물(상품)은 이미지로 환원되어 상품화된다.

드보르는 "스펙터클은 상품이 사회생활을 총체적으로 점령하기에 이르는 계기가 된다"라고 진단한다. 세계와 상품과의 관계가 시각화되며, 현대인은 그것만을 볼 수 있을 뿐이다. 사실 현대인의 눈으로 보는 세계는 상품의 세계이다. 스펙터클 사회는 사회생활의 영역까지도 상품화되는 것을 포함한다. 다시 말하면 상품 이미지는 물질문화를 지배하고, 이러한 지배를 통해 일상생활은 상품화된다. 이는 곧 일상생활의 상품화가 사회의 모든 영역에서 진행되고 있음을 나타낸다. 물론 이때 상품화는 곧 스펙터클화 spectacularisation와 같은 의미를 갖는다. 『소비의 사회』에서 보드리야르는 "광고와 정보의 상품화, 즉 스펙터클화"(SC, 188)를 강조한다.

이런 점을 고려해 보면, 일상생활에서 스펙터클은 이제 소비·광고·매체·정보·서비스·오락 등의 문화적 메커니즘을 통해 바이러스처럼 침투한다. 학교 교육 시스템, 매체 이벤트, 텔레비전 광고, 선거 캠페인, 여가, 스포츠, 게임, 패션쇼, 쇼핑몰, 쇼룸, 도시 건축, 디자인, 이 모든 것들이 스펙터클에 빠져드는 셈이다.

가령 여가는 더 이상 축제도 아니고, 노고의 보상도 아니며, 그것 자체만을 위해 수행되는 자유로운 활동도 아니다. 보드리야르는 "여가는 완전히 소비에 속하긴 하지만 소비와 똑같이 충족을 위한 행위가 아니다"(SC, 246)라고 지적한다. 그것은 일반화된 스펙터클, 즉 텔레비전·영화·게임·

관광 등이다. 특히 PC게임 속의 가상현실은 '현실보다 더 현실적이고, 실재보다 더 실재적인 하이퍼리얼리티'의 세계가 되고 있다. PC게임이 현실세계에서는 접하기 힘든 상황을 조작적으로 연출한 것에 불과하지만, 사람들은 스펙터클한 세계의 유혹에서 빠져나오지 못하게 된다. 사람들이 스펙터클을 수동적으로 소비하면서 자신의 삶으로부터 분리되기 때문이다.

이는 스펙터클이 유혹적인 이미지를 통해 끊임없이 사람들에게 말을 건네는 것과 관련이 있다. 특히 이 유혹적인 이미지는 눈이라는 보편적인 언어로 말한다. 사람들의 눈은 별다른 비판적 저항 없이 이미지를 빨아들인다. 이렇게 현대세계는 스펙터클한 이미지의 힘이 도처에 존재하고 있으며, 사람들은 스펙터클한 이미지의 선택적 유혹의 틀 속에 갇혀 있게 된다. 스펙터클은 겉으로 보기에는 아무렇게나 뒤섞인 이미지의 파노라마처럼 보이지만, 자세히 파헤쳐 보면 '이미지 조작의 총체'이다.

이런 국면에서 개인의 존재는 스펙터클과 이미지의 힘에 저항할 수 없는가? 보드리야르에 따르면 개인의 존재는 스펙터클과 이미지의 조작 가운데 사라진다. 그는 "자신의 이미지와 마주 대하는 일도 없다"(SC, 309). 그는 스펙터클이 늘어놓는 이미지의 내부에 존재하는 듯하다. 따라서 그는 스펙터클과 이미지의 질서에 둘러싸여 존재한다는 느낌이 든다.

예를 들어 신형 자동차를 전시하는 쇼룸이나 상품이 진열되어 있는 쇼윈도를 바라보는 개인의 존재는 거기서 스펙터클한 이미지로서의 사물을 바라볼 뿐이며, 바라보는 것에 의해 스펙터클과 이미지의 질서 속으로 흡수되어 버린다.

이렇게 스펙터클과 이미지가 모든 것을 삼키면서 실재를 사라지게 하는 현대 소비사회는 그 자체로 실재가 없는 미혹 속에 있다고 할 수 있다. 달리 말하면 개인의 존재가 스펙터클과 이미지에 홀려 정신을 차리지 못하는 상황에서, 그것들이 인간을 압도하고 지배한다고 할 수 있다. 요컨대 보드리야르의 말대로 "사물이 주체의 세계 속에서 센세이션을 일으키"고 있는 셈이다.

7. 현대 소비사회와 시뮬라시옹

보드리야르의 사상과 이론에서 현대 소비사회의 사회문화적 현상을 이해하는 데 필요한 중요한 개념들 중 하나는 단연 **시뮬라시옹**simulation일 것이다. '우리가 보는 것은 진짜인가'라고 반문하면서 평생 '실재'를 의심한 보드리야르에게 시뮬라시옹 개념은 그의 생각에서 줄곧 떠나지 않았던 유령 같은 것이었다. 보드리야르 자신을 전세계적으로 유명하게 만든 『시뮬라크르와 시뮬라시옹』 출간 이전에 보드리야르는 이미 『소비의 사회』에서 시뮬라시옹 시대의 도래를 알렸다. 현대 소비사회에서 대중매체의 발전과 더불어 "엄청난 시뮬라시옹 과정이 일상생활의 모든 영역에서 진행되고 있음"(195)을 파악한 것이다.

그렇다면 현대 소비사회에서 왜 시뮬라시옹 현상이 생겨나는 것일까? 보드리야르에 따르면 현대 소비사회는 모델과 코드, 매체와 정보가 지배하는 사회이다. "실재의 특징이나 요소를 조합하여 하나의 모델이 생산되고", "코드의 요소들의 조합에 근거하는 완벽한 인공물인 네오리얼리티"(195), 즉 하이퍼리얼리티(초과실재)가 도처에서 실재를 대체하기 때문이다. 달리 표현하면 "실재는 증발하여 사라지고 (대중)매체 자체에 의해 구체화되는 (시뮬라시옹) 모델"(195)의 하이퍼리얼리티가 우위를 점유하기 때문이다.

보드리야르는 '실재의 사라짐'을 초래하는 오늘날의 시뮬라시옹에 대해 다음과 같이 설명한다.

> 오늘날의 시뮬라시옹은 원본도 실재성도 없는 실재, 즉 초과실재hyperréalité의 모델로 산출되는 것이다(SS, 10).

실재의 존속 혹은 실재의 사라짐은 분명 시뮬라크르에 대한 보드리야르의 추론과 다양한 접근으로부터 종합되어야 하는 근본적인 요소이다. 실재라는 금본위의 상실은 초과실재로의 이행을 설명하거나 기술하는 데 충분하지 않은 듯하다. 베냐민의 『기술복제시대의 예술작품』에서 유추할 수 있듯이, 보드리야르의 시뮬라시옹 개념은 대중매체의 발전에서 생겨났다고 할 수 있다. 다시 말해서 보드리야르의 관점에서 대중매체의 발전이 초래하는 것은 실재를 사라지게 하는 '시뮬라시옹의 출현' 혹은 '시뮬라시옹 과정'이다. 보드리야르는 우리의 지각과 세계 자체는 기술적 진보를 통해 변화해 왔다고 진단한다.

보드리야르는 평소 기술결정론을 인식하고 이를 수용한 사상가이다. 그는 초과실재는 기술적으로 결정되었으며, 우리는 대체로 대중매체의 확산으로 이러한 상황에 도달했다고 강조한다. 여기에 덧붙여 보드리야르는 대중매체 기술이 실재로서 이미 존재했던 모든 것에 우선하는 시뮬라시옹을 확실하게 만든다고 주장한다. 그리고 사물과 지각의 세계를 결정짓는 것은 기술 그 자체라기보다는 오히려 모델이며, 모델에 없어서는 안 될 요소는 기술적 진보와 분리될 수 없는 것이라고 단언한다.(모델의 개념이 생산과 소비와 복잡하게 뒤얽혀 있기 때문이다.)

달리 말하면 생산과 소비를 수반하면서 우리의 지각 방식을 결정짓는 것은 기술적 모델뿐만 아니라 지각의 변화일 수도 있다는 것이다. 특히 보드리야르에게 있어 모델은 실재를 지배한다. 예를 들어 오늘날 스마트폰은 의사소통의 실재를 대체하고 지배하여 실재보다 더 실재적으로 만드는 의사소통의 시뮬라시옹 모델이다. 이런 시뮬라시옹 과정은 대중매체와 관련하여 대량생산의 과정과 동시에 기호(이미지)에 의해 실재를 코드화하는 과정과 유사하다고 여겨진다.

『소비의 사회』에서 보드리야르는 "(대중)문화는 뉴스 프로그램 중의 가짜 사건이나 광고 중의 가짜 사건처럼 (대중)매체 자체와 참조 코드로부터 생산될 수 있다"(152)고 지적한다. 그리고 이 시뮬라시옹 과정은 "시뮬라시옹 모델의 논리적 절차"를 따른다고 강조한다. 보드리야르는 이 시뮬라시옹 과정이 대중매체가 지배하는 현대 소비사회의 다양한 영역에서 진행되고 있음을 예리하게 파악한 셈이다.

8. 현대 소비사회와 시뮬라크르라는 악마

그러면 시뮬라시옹 과정과 깊은 관련이 있는 초과실재 hyperréalité는 어떻게 이해되어야 하는가? 보드리야르에 따르면 초과실재는 코드와 모델에 의한 조작적 시뮬라시옹에 해당한다. 실제로 초과실재는 시뮬라시옹의 미적·인식론적 형태이며, 실재로부터 분리된 범주가 아니다. 오히려 초과실재는 실재를 나타내고 실재를 받아들이는 방식이다. 요컨대 초과실재는 타자 없이 상상된 실재이다. 어떤 의미에서 초과실재는 실재의 장면이 재현될 수 있는 공간을 사라지게 한다. 이것이 바로 보드리야르가 '초과실재는 외설스럽다'라고 종종 말하는 이유이다.

> 모든 것이 투명해지고 즉각적인 가시성을 지니게 될 때, 모든 것이 정보와 의사소통이 강렬하고 냉혹한 빛에 따를 때, 외설스러움이 시작된다(*ALM*, 20).

같은 맥락에서 보드리야르는 '초과실재는 실재의 황홀한 형태'라고 말하는데, 이는 초과실재가 과다하게 노출되고 극단으로 나아간 실재라는 것을 뜻한다. 우리가 실재 같은 것을 지각하거나 그 자리에서 다른 것을 상상할 수 있는 거리는 사라졌다는 것이다. 과잉의 기호와 이미지처럼 저항할 수 없는 과잉의 실재가 쇄도하고 있는 것이다. 이로써 대중매체 속에서 실재는 증발하며 사라짐의 비유가 된다.

그러나 보드리야르에 따르면 "실재는 자기 파괴로 강화되며 실재를 위한 실재, 부정과 자기 전멸의 황홀경, 즉 초과실재가 된다"(EM, 111). 보드리야르는 시뮬라시옹의 초과실재는 엄청난 것, 이미 본 것의 기괴한 특성, 즉 '실재와의 환각적인 유사성'을 갖는다고 지적한다. 더욱이 실재는 그 자체를 무한히, 프랙털적으로 반복한다. 그래서 실재는 복제될 수 있는 것일 뿐만 아니라 언제나 이미 복제된 것, 즉 초과실재가 된다. 우리는 실재가 파 놓은 함정에 빠져든다. 보드리야르의 말대로 "우리는 생생하게 모델 속으로, 시뮬라시옹 속으로 들어간다"(SF, 9).

이런 상황은 현대 소비사회가 시뮬라크르를 계속 생산해 내고 있음을 나타낸다. 보드리야르는 특히 베냐민과 부어스틴의 작업에서 시뮬라크르 효과에 대한 매우 통찰력 있는 분석을 발견해 낸다. 베냐민의 「예술작품 제작」이라는 에세이는 사진과 영화의 복제기술에 의한 아우라관계에 미치는 영향력을 강조하면서 보드리야르가 기술하는 이와 같은 시뮬라시옹 과정을 분명히 보여 주는 반면, 부어스틴의 『이미지』는 "환상이 실재보다 더 실재적이고, 이미지가 원본보다 더 권위를 갖는" 세계 창조의 묘사를 통해 시뮬라시옹 개념을 되풀이한다는 것이다. 부어스틴의 경우 그 결과는 진짜와 가짜의 시험을 통해 더 이상 분류할 수 없는 새로운 범주의 경험이 되고 있으며, 진리의 개념을 다시 만드는 것이다. 부어스틴이 실재를 되찾는 것을 기대했다 할지라도, 오늘날 "그랜드 캐니언Grand Canyon이 컬러사진 원본의 복제로 되었다"라는 그의 논평은 또다시 시뮬라시옹 과정이 훨씬 더 진보했다는 것을 암시한다.

여기서 보드리야르가 이미지의 시뮬라크르적 힘을 생산해 내는 현대 소비사회의 현상을 어떻게 이해하고 있는지 살펴보자. 현대 소비사회는 현대성이 낳은 부산물인 이미지로 넘쳐 나고 있다. 이미지의 산업적 생산에 힘입어 인공적이고 조작적인 것이 되어 버린 하나의 이미지는 또 다른 이미지를 산출하고, 이렇게 생겨난 다른 이미지는 또 새로운 이미지를 만들어 내고 있다. 결국 실재와 이미지를 구분할 수 없는 단계에 이르게 되고, 점점 더 실재보다 더 실재적인 하이퍼리얼리티(초과실재)가 생겨나게 된다. 이러한 단계에서는 "이미지는 실재와 무관한 자신의 순수한 시뮬라크르가 된다"(SS, 17).

그러면 이 지점에서 보드리야르가 말하는 시뮬라크르와 시뮬라시옹을 정의해 보자. 시뮬라시옹은 이미지에 의해 실재보다 더 실재적인 초과실재를 산출하는 과정이며, 시뮬라크르는 시뮬라시옹의 결과이다. 화장의 예를 들어 설명해 보면, 화장하지 않은 나의 얼굴은 실재이고, 내가 원하는 얼굴 이미지를 화장하여 초과실재로 만들어 내는 과정은 시뮬라시옹이다. 이런 과정을 거친 후 화장이 완성된 나의 얼굴 이미지는 실재가 사라져 버리고 실재보다 더 실재적인 초과실재, 즉 시뮬라크르가 된다.

보드리야르는 "실재가 이미지와 기호의 안개 속으로 사라진다"는 유명한 명제를 남겼다. 이 명제는 시뮬라크르와 시뮬라시옹이 지배하는 현대 소비사회에서 사물의 실재가 증발해 버린다는 점을 함축적으로 표현하고 있다. 사실 현대 소비사회에서 이미지가 오고 감으로써 실재에 대한 커다란 무관심이 형성되고, 넘쳐 나는 이미지 아래 실재가 실종되고 있다. 이처럼 실재가 사라지고, 이미지만이 넘쳐 나는 세계가 바로 보드리야르가 말하는 시뮬라크르와 시뮬라시옹의 세계다.

보드리야르의 관점에서 이런 세계는 분명 그 자체로 실재가 없는 미혹 속에 있다고 할 수 있다. 실재가 사라진 뒤에 실재의 자리에 시뮬라크르가 들어선다. 무한히 증식하는 시뮬라크르의 지배가 형성되는 것이다. 시뮬라크르의 이러한 지배는 더 이상 특수하고 신기한 현상이 아니라 어디에나 존재하는 현대인의 삶의 현상이 되고 있다.

현대인은 일상생활에서 흔히 이미지와 관련하여 '이미지의 소비', '이미지의 힘', '이미지의 지배', '이미지의 홍수', '이미지의 유혹', '이미지의 황홀경' 등과 같은 다양한 표현을 접하게 된다. 이런 표현은 이미지가 현대인의 일상생활에 많은 영향을 끼치고 있음을 나타낸다. 특히 오늘날 텔레비전·컴퓨터·스마트폰 등의 다양한 매체의 발달로 인해 이미지가 범람하고 있고, 모든 것이 이미지의 형태를 띠고 있는 듯하다. 가령 텔레비전·컴퓨터·스마트폰은 "나는 이미지이다. 모든 것은 이미지이다"라는 사실 이외에는 아무것도 말하지 않는다. 어쨌든 사람들은 스크린 앞에 있게 되면 모든 것을 이미지로 이해하게 된다. 유튜브, 페이스북,

인스타그램을 떠올려 보라. 도처에서 보이는 이미지의 범람은 보드리야르가 말하는 '사물의 황홀경'처럼 현대인을 '이미지의 황홀경'에 빠져들게 한다.

이미지의 황홀경은 이미지가 극도로 증식하고 확장되어 극단으로 나아간 것을 뜻하는데, 이는 이미지가 악마처럼 자신의 힘을 행사하는 것을 나타낸다. 최근 유명 상표의 이미지를 가지려는 욕망이 커진 청소년이 저지르는 범죄들은 실재를 대신하는 이미지를 실재로 착각한 경우이다. 이는 바로 이미지가 실재를 대체하고 지배하는 현상이다. 이렇게 시뮬라시옹 과정은 현대 소비사회에서 지배적인 현상이 되고 있다. 맨해튼의 밤거리를 수놓고 있는 "이미지가 현실이고 힘이다"라는 어느 회사의 상업 광고의 논리를 보드리야르의 시뮬라크르 이론은 뒷받침하고 있는 셈이다. '이미지가 현실이고 힘'이 되는 세상은 곧 이미지가 지배하는 세상을 나타낸다. 그러면 보드리야르의 사유세계에서 이미지가 현실이 되고 힘이 될 때, 이미지는 어떤 형태를 띠게 되는가? 이미지는 모든 것을 삼키면서 실재를 사라지게 하고, 때로는 가장 폭력적인 현실을 드러내면서 현실의 본질적인 실재를 사라지게 한다. 이는 바로 이미지가 행사하는 폭력, 즉 이미지의 파괴이다.

보드리야르는 이미지의 이런 파괴와 폭력을 환기시킨다. 보드리야르에게 이미지는 바로 시뮬라크르이며, 이미지의 파괴는 시뮬라크르의 파괴이다. 파괴성을 갖는 시뮬라크르의 무한한 힘은 악마같은 힘이다.

그러면 보드리야르의 사유세계에서 '시뮬라크르의 악마적 힘'에 의한 실재의 사라짐만이 지속될 뿐인가? 시뮬라크르의 악마적 힘이 초래한 실재의 사라짐이 생겨난 뒤에 실재의 회복을 고민하는 보드리야르의 사유는 무엇인가? 보드리야르의 시뮬라크르는 현대(탈근대)의 사유 체계에 점철되었던 여러 개념들을 무력화하여 끊임없이 자기 증식을 지속하는 존재이기에 시뮬라크르가 지닌 파괴성에 대해 우리는 두려움과 동시에 반감을 갖게 된다. 실재를 사라지게 하는 이미지, 즉 시뮬라크르라는 '허상'들이 부유하는 세계는 분명 허무주의적이며, 그곳에서 시뮬라크르는 파괴적 공간을 생산하면서 악마적 권능을 지닌다. 보드리야르는 실재를 회복시키기 위해 실재를 위협하는 시뮬라크르라는 이 악마에 대항할 것을 권유한다.

9. 의사소통의 시뮬라시옹, 의사소통의 황홀경

현대인은 페이스북이나 트위터 같은 소셜네트워크를 통해 언제 어디서나 접속하고 연결하는 시대를 살고 있다. 물리적 거리와 시간에 구애받지 않고 스크린과 네트워크에 연결되는 현시대는 현대인의 삶을 빠른 속도로 변화시키고 있다. 이는 무엇보다 기술발전에 힘입은 것이며, 의사소통의 세계에서 기술은 '거대한 생명체의 신경망'을 만들어 내고 있다. 다시 말하면 기술은 인간들을 접속시키고 연결하는 의사소통 매체를 더욱 발전시키고, 기계나 스크린을 통해 인간의 의사소통 행위를 더욱 쉽게 도와준다.

현대의 매체와 기술문화에 대해 다양한 접근과 분석을 시도한 보드리야르는 매체와 네트워크의 세계의 '증식하는 실재'를 깊이 탐구했다. 매체와 디지털 기술의 발전과 더불어 의사소통의 실재가 의사소통의 실재보다 더 실재적인 의사소통의 하이퍼리얼리티, 즉 '의사소통의 시뮬라시옹'

으로 대체되었다는 그의 주장은 오늘날의 의사소통을 이해하는 데 하나의 참조 사항이 될 수 있다.

의사소통에 대한 그의 이러한 입장으로부터, 실제로 보드리야르는 '의사소통'과 '정보'라는 말에 많은 문제를 제기한다. 흔히 '매체'라는 말이 사용될 때, 특히 정보와 의사소통 기술이라는 말로 일반적으로 의사소통이나 정보매체가 언급된다. 보드리야르는 언어의 발달 이래로 인류가 항상 의사소통했다는 상식적인 가정을 뒤집는다. "고대의 부족이나 마을 생활에서 말과 다른 사회적 행위가 오늘날 우리가 이해하는 의사소통이 아니었다"라고 그는 주장한다.

보드리야르에 따르면 의사소통은 의사소통 기술로 발명되었으며, 이렇게 기술화되고 매개된 상호작용은 근대 이전 사회의 '일치communion'를 사라지게 했다는 것이다. 그들이 서로에게 말할 수 있었을 때 어느 누구도 의사소통할 필요가 없었다는 것이다. 보드리야르는 이러한 급진적 변화가 언제 일어났는지, 자신이 어떤 기술을 고려하고 있는지에 대해 분명한 입장을 밝히지 않았다.

보드리야르의 시각에서 의사소통이 근대의 출발에서 탄

생되었다면, 그것은 컴퓨터 매체와 네트워크로 촉진되었던 것처럼 보인다. 아이러니컬하게 보드리야르는 인간과 기계 사이의 관계가 매우 분명했던 산업시대에 대한 향수를 표현한다. 그러나 현대인은 의사소통 기술에 완전히 매혹되어 때론 인간과 기계를 구별할 수 없게 된다. 보드리야르가 보기에 텔레비전은 아무 것도 암시하지 않고 매혹하는 스크린에 지나지 않는 매체, 혹은 우리의 머릿속에 있는 축소된 단말장치로 간주된다. "우리는 스크린이고, 텔레비전이 우리를 바라보고 있다. 텔레비전은 모든 신경망을 트랜지스터화하고 녹음테이프(영상이 아닌 테이프)로 작용한다"라고 그는 말한다.

여기서 보드리야르가 어떻게 기술적인 형식으로서, 그리고 기술적인 효과를 산출하는 기계로서 텔레비전과 다른 매체를 해석하고 있는지에 주목할 필요가 있다. 보드리야르는 하이퍼리얼리티의 영역을 구성하면서 일상생활에서 핵심적 역할을 하는 '시뮬라시옹 기계'로서의 매체를 분석했다. 말하자면 현대 소비사회에서 매체는 실재보다 더 실재적인 새로운 매체의 실재를 구성한다는 것이다.

보드리야르의 이런 입장은 매체와 네트워크 세계의 증식하는 실재에 대한 연구를 암시하는 것으로, 혹은 새로운 매체에서 생명공학에 이르기까지 인공적·합성적인 새로운 실재에 대한 관심을 표명하는 것으로 이해하는 편이 좋을 듯하다.

1) 의사소통의 시뮬라시옹

『소비의 사회』에서 대중매체 문화를 폭넓게 탐구한 다음, 보드리야르는 『기호의 정치경제학 비판을 위하여』에서는 의사소통의 대중매체 이론을 전개했다. 「대중매체를 위한 진혼곡」은 다소 아이러니컬하고 논쟁적인 글이다. 이 글에서 보드리야르는 대중매체를 통해서 '개방된 의사소통과 무한한 민주적 교환'을 실현할 수 있다는 엔첸스베르거 Enzensberger의 낙관적인 견해를 비판한다. 보드리야르 비판의 핵심은 엔첸스베르거의 견해가 대중매체의 본질을 왜곡한다는 것이다. 보드리야르에 따르면 대중매체는 자신의 형식과 작용 속에서 사회관계의 분리, 교환의 추상화와 폐기를 초래한다. 다시 말하면 대중매체는 사회관계를 통합시키지 못하고 분리시키며, 의사를 소통시키지 못하고 의사교환을 폐기한다는 것이다. 따라서 의사소통이 '교환'으로서, 그리고 '발언과 응답의 상호적 공간'으로서 이해된다면, 그것은 분명 현대의 대중매체에서 사라진다는 것이다.

보드리야르가 보기에, 대중매체의 형식은 비의사소통non-communication의 형식이다. 이는 바로 상징적 교환과 의사소통적 교환의 폐기에 근거하고 있기 때문이다. 그러므로 보드리야르는 "대중매체를 특징짓는 것은 그것이 반중재적anti-médiateur이고 비이동적intransitif이라는 데 있으며, 비의사소통을 빚어낸다는 데 있다"(CEPS, 208)라고 강조한다.

의사소통의 회복을 시도하려고 했던 엔첸스베르거와는 대조적으로, 보드리야르는 의사소통이 인간관계와 사회관계를 증진시킨다기보다는 오히려 파괴한다고 주장하면서 중재된 공동체적 일치에 대한 희망을 거부한다. "형식의 층위에서 대중매체의 이데올로기는 대중매체가 설정하는 분리, 곧 사회의 분할에 관련되기 때문이다"(CEPS, 208). 여기서 보드리야르는 메시지에 의해 인위적으로 재결합된 발신자와 수신자의 분리를 주목한다. 이는 바로 상호성, 상대방들의 대립, 또는 그들 사이에서 일어나는 교환의 양면성이 단번에 배제되는 '의사소통의 시뮬라시옹 모델'이다. 따라서 『소비의 사회』에서 보드리야르는 오늘날 의사소통에 기반한 "일상생활은 시뮬라시옹 모델의 복제가 되고 있다"(SC, 198)라고 단언한다.

보드리야르의 견해에 따르면 진정한 의사소통은 '메시지의 단순한 발신-수신' 이상을 내포한다. 하지만 대중매체는 '응답 없는 발언'을 구성하는, 그리고 인간을 일방적인 관계에 가두는 모델을 따른다. 이 점을 구체적으로 설명하기 위해 보드리야르는 텔레비전을 예로 든다.

텔레비전은 현존한다는 사실 그 자체로 말미암아 성격상 사회 통제가 된다. 텔레비전을 각자의 사생활에 대한 체제의 잠망경-밀정으로 생각할 필요는 없다. 왜냐하면 텔레비전은 체제의 잠망경-밀정 이상이기 때문이다. 다시 말해서 사람들이 결국 서로 분리되어 응답 없는 발언을 향한다는 사실의 확실성을 구현하기 때문이다(CEPS, 221).

보드리야르에게 대중매체의 혁명은 분명 발언이 교환될 수 있게 하면서 응답의 가능성을 복원하는 것이다. 그러나 그는 대중매체에 의한 의사교환의 일방성 가운데 재생산되는 무응답의 모델을 발견할 뿐이다. 그가 보기에 어디에서나 의사소통의 일방성과 비의사소통의 이미지가 존재한다는 것이다.

따라서 대중매체의 본성에 따라 응답의 가능성이 배제된다. 때론 청취자의 견해가 전화나 인터뷰 형식을 통하여 프로그램에 포함된다 할지라도, 그것은 '부정적인 것을 통합한 회로' 안에서 발생하는 하나의 사건에 불과하다. 요컨대 통제되고 사전에 프로그램화된 피드백은 자신의 힘에 도전하는 어떤 것을 검열하는 대중매체의 기능과 작용을 강화하면서 '의사소통의 시뮬라시옹'인 청취자 전화·인터뷰 프로그램과 여론조사를 통해 이루어진다. 보드리야르에 따르면 특히 "여론조사는 지수화된 시뮬라시옹 모델"(*SC*, 198)로 활용되고 있다.

여기서 '의사소통의 시뮬라시옹'을 통해 한술 더 뜨기를 유발한 것이 의사소통의 사라짐인지, 혹은 '의사소통의 시뮬라시옹'이 먼저 저지적 목적으로 의사소통의 가능성을 폐기하기 위해 거기에 있었는지 자문하는 것은 쓸데없는 일이다. 그것은 순환적인 과정, 즉 시뮬라시옹과 하이퍼리얼리티의 과정이다. 의사소통의 하이퍼리얼리티, 말하자면 의사소통의 실재보다 더 실재적인 것으로 말미암아 의사소통의 실재가 폐기된다. 엄밀하게 말하면 의사소통의 시뮬라시옹이 실재보다 더 실재적인 것으로 소통되는 것이다. 어떻게 보면 이는 형식적인 의사소통의 위장에 지나지 않는다. 물론 거기서 어떤 의사소통이나 의사 교환이 이루어지는 것처럼 보인다. 그러나 이러한 의사소통이나 의사 교환은 상호성과는 무관한 것이다.

가령 사람들이 텔레비전의 프로그램에 참여하고 정보를 전달해도 거기에는 진정한 상호적 의사 교환이 형성되지 않는다. 의사소통을 한다는 극도로 조작된 연출을 하는 대중매체는 아이러니컬하게 닫힌 회로 안에서만 작용한다. 대중매체가 작용할 수 있는 가능성은 인간들 간의 의사소통을 폐기할 수 있는 범위 안에서 이루어지기 때문이다. 보드리야르에 따르면 "응답을 영원히 금하는 것, 모든 교환

156

과정을 불가능하게 만드는 것"(CEPS, 208)이 대중매체의 최종적 정의다. 의사소통적 교환의 가능성이 폐기되는 것은 대중매체의 본성과 관련된 것이며, 상호적 교환은 대중매체의 정의에 모순된다는 것이다.

그러므로 대중매체에 의한 의사소통은 한 방향으로만, 곧 발신자에서 수신자에게로만 벡터화된다. 말하자면 의사소통은 일방적인 것이 된다. 의사소통의 일방성에 대한 보드리야르의 이러한 강조는 의사소통의 현대적 패러다임과 수동적 청취에 대한 그의 견해를 암시하는 듯하다. 보드리야르의 입장이 극단적이긴 하지만, 그것은 독창적이고 도발적인 방식으로 대중매체의 형식과 효과에 대한 문제를 분명하게 하는 장점을 지닌다. 그러나 보드리야르는 디지털 대중매체가 인간의 의사소통을 증대시킬 것인지, 혹은 그것이 매우 빠르고 매우 편리하게 인간의 의사소통을 대체할 뿐인지를 의문시하게 한다. 오늘날 대중매체가 인간의 의사소통을 극도로 증대시키는 것처럼 보일 때조차도, 이는 분명 보드리야르가 말하는 '의사소통의 시뮬라시옹'을 실현하고 있는 듯하다. 말하자면 디지털 대중매체에서 발견되는 '상호작용'의 새로운 형태, 즉 스마트폰, 인터넷, 이메일, 대화방 같은 이러한 형태는 스크린들 간의, 네트워크들 간의, 매체들 간의 의사소통으로 의사 교환의 진정한 형태가 있는지 없는지를 알 수 없는 대체로 응답과 일방적인 관계를 허용하지만, 이는 보드리야르의 관점에서 '의사소통의 시뮬라시옹'을 나타낼 뿐이다. 어떻게 보면 현대인은 현대사회의 체제에 의해 의사소통의 시뮬라시옹에 갇혀 있는 듯하다.

2) 의사소통의 황홀경

오늘날 의사소통의 세계에서 장면이나 거울은 사라지고, 스크린과 네트워크는 존재한다. 다시 말해서 장면이나 거울의 초월성이나 심층은 존재하지 않지만 조작이 전개되는 내재적 표면, 의사소통의 내재적 표면이 존재한다. 예를 들어 현대인들은 거울 대신 스크린 앞에 있다. 스크린은 더 이상 반영하지 않고 조작의 기능을 한다. 그들은 스크린 단계에 있으며, 매혹을 경험한다. 이는 스크린에 내재하기 위해 스크린에 걸려드는 방식이다. 일종의 참여이긴 하지만,

거기에는 메시지와 기호의 증식이 있다. 말하자면 『소비의 사회』에서 보드리야르가 지적하듯이 "기술적 매체와 코드(기호) 수준에서의 조직화, 즉 매체 자체에 근거해서 행해지는 메시지의 조직적 생산"(SC, 193)이 있다. 이로써 현대인들은 더 이상 판단할 수 없고, 반성할 수 없게 된다. 이것이 바로 황홀경의 형태이다.

보드리야르는 현대사회의 풍경을 통해 외설스러움·황홀경·투명성으로서의 매체를 기술하고자 한다. 보드리야르가 보기에 현대사회는 매체에 의한 의사소통의 시뮬라시옹을 실현한다. 현대인들은 스크린과 네트워크의 터미널로서 존재한다. 현대인의 삶의 공간은 수용과 조작의 공간으로, 그리고 모든 것을 조작할 수 있는 가능성을 지닌 터미널과 통제 스크린으로 간주된다.

그러나 보드리야르의 말대로 "전자적 뇌수화, 회로와 에너지의 축소화, 환경의 트랜지스터화가 우리의 삶의 장면을 이루었던 모든 것을 외설스러움 속으로 밀어 넣는 한 문제가 발생한다"(ALM, 16). 가령 의사소통의 행위가 스크린이나 조작적인 터미널에 집중되는 순간, 그밖의 모든 것은 쓸모없는 것처럼 보인다. 의사소통의 즉각성이 의사 교환을 순간의 연속으로 축소시킨 이래, 그 연속은 쓸모없는 차원으로 남는다.

보드리야르에 따르면 현대사회의 의사소통은 즉각적으로 모든 것을 보여 주는 스크린과 더불어 매체의 사건이 된다. 의사소통의 차원에서 모든 기능은 파괴된다. 이는 바로 보드리야르가 말하는 '의사소통의 황홀경extase de la communication'이다. 즉 모든 것은 그 자체를 벗어나거나 넘어서면 명백하고 황홀하며, 그 투명성과 가시성 가운데 외설스럽다. 보드리야르는 의사소통의 황홀경이 초래하는 외설스러움에 대해 다음과 같이 기술한다.

숨겨진 것, 억압된 것, 모호한 것의 외설스러움은 존재하지 않는다. 이와 반대로 가시적인 것, 지나치게 가시적인 것, 가시적인 것보다 더 가시적인 것의 외설스러움이 존재한다. 그리고 더 이상 비밀을 지니지 않으며, 온전히 정보와 의사소통 가운데 녹아들어 가 있는 것의 외설스러움이 존재한다 (*ALM*, 200)

말하자면 정보와 의사소통의 냉혹한 빛에 노출될 때 외설스러움이 시작된다. 보드리야르는 "우리는 더 이상 소외의 비극 가운데 있지 않고 의사소통의 황홀경 가운데 있다"라고 주장한다. 여기서 한 걸음 더 나아가 보드리야르는 오늘날 의사소통의 스크린과 네트워크를 지배하는 난잡함을 표면적인 포화상태의 난잡함, 끊임없는 매혹의 난잡함, 간극적이고 방어적인 공간을 전멸시키는 난잡함이다"라고 강조한다. 예를 들어 스마트폰을 가지고 있으면 의사소통하고자 하는 참을 수 없는 존재의 가벼움과 함께 스크린과 네트워크가 우리를 매혹한다. 의사소통하는 것이 자유롭긴 하지만, 어떻게 보면, 우리는 더 이상 자유롭지 않은 듯하다.

보드리야르에 따르면 의사소통의 착란에 연결되는 매혹과 현기증의 고유한 상태, 즉 특이하긴 하지만 불확실하고 현기증 나는 쾌락의 형태가 존재한다. 같은 맥락에서 로제 카유아Roger Caillois는 우리 문화의 경향은 표현과 경쟁 형태의 소멸에서 불확실성과 현기증의 확산으로 나아가고 있다고 지적한 바 있다. 이 후자의 형태는 황홀경에 빠져 있고 자기도취적이다. 이로써 매체와 의사소통의 세계와 더불어 새로운 매혹이 출현한다. 여기서 보드리야르는 "장면은 우리를 유혹하지만, 외설스러움은 우리를 매혹한다"라고 강조한다.

이러한 세계 가운데, 우리는 황홀경·매혹·외설스러움으로 포화상태가 되는 새로운 형태의 주체성 속으로 들어간다. 우리는 "순수한 스크린이 되고, 서로 영향을 미치는 네트워크를 흡수하고 재흡수하는 순수한 표면이 된다." 매체와 의사소통의 사회에서 내면성·주체성·의미의 시대는 끝나고, 외설스러움·투명성·매혹·현기증의 새로운 시대가 열린다. 이는 바로 '의사소통의 황홀경'이 실현되는 현대 시대이다.

3) 진정한 의사소통을 향하여

보드리야르의 견해에 따르면, 매체의 본성은 의사를 전달하고 소통시키는 데 있다기보다는 사회 통제와 통합을 강요하고 부과하는 데 있다. 이 강요적 부과 앞에서 수신자 혹은 대중은 상호적 의사소통의 필요성을 자각하지 못하고 상호적 의사소통의 기회를 상실하게 된다. 보드리야르는 대중매체는 비의사소통을 산출하는 것에 지나지 않는다고 주장한다. 매체의 비의사소통에 대한 보드리야르의 이러한 주장은 어느 정도 우리의 관심을 끌지만, 그는 타자의 삶을 의식함으로써 산출되는 공감적인 관계에서부터 디지털적으로 산출되고 유지되거나 재발견되는 관계에 이르기까지 디지털 매체에 의해 형성되는 인간관계의 여러 형태를 무시하는 경향이 있다. 어떤 측면에서 보드리야르의 논의는 디지털 공동체와 접촉에 관한 우리의 일상적 경험과는 정반대로 나아가고 있는 듯하다.

뿐만 아니라 보드리야르는 대중매체에 의한 의사소통이 일방성을 면치 못한다고 생각한다. 다시 말해서 "매체는 일방적이며 저기 너머 바깥쪽에서 오는 일방적인 체계"만을 고려하는 듯하다. 매체 자체가 일방적 의사소통 양식이기 때문에 매체를 통한 상호적 의사소통은 불가능하다는 것이다. 보드리야르의 이런 견해는 인터넷, 스마트폰 같은 '상호작용'의 디지털 매체의 발전으로 말미암아 비판받을 수 있을 것이다.

그러면 매체의 의사소통 과정을 거꾸로 되돌려 매체에게 일방적으로 의사를 전달하려는 시도는 아무 소용이 없는 것인가? 보드리야르의 견해로는 이러한 시도를 통해서는 매체의 본질적인 형식을 개선할 수 없을 것이다. 보드리야르는 경계의 극한에 도달하려는 경향이 있다. 제도화된 구조나 형식의 경계의 극한에서 불안정하게 흔들리며 파괴될 수도 있기 때문이다. 보드리야르는 분명 자기 시대의 의사소통 이론에 대해 비판적 입장을 견지하면서 '의사소통의 시뮬라시옹 모델'을 만들어 내었다.

보드리야르의 이러한 의사소통 이론은 소셜네트워크서비스(SNS)의 시대에 어느 정도 적용될 수 있는가? 페이스북과 트위터라는 거대한 소셜네트워크서비스는 스마트폰과 인터넷을 통한 의사소통을 더욱 쉽게 만든다. 페이스북은 인간들 간의 상호적 관계를 가능하게 하고, 스마트 텔레비전은 상호 작용성을 주요한 요소로 포함하는 기능을 갖고 있다. 그러나 소셜네트워크서비스로 맺어지는 인간관계를 진정한 소통이라고 말할 수 있는가? 오히려 보드리야르가 지적하듯이 과잉의 의사소통이 의사소통의 부재 혹은 의사소통의 황홀경을 초래하고 있지는 않는가?

현대인은 초연결 사회를 살아가고 있다. 하지만 아이러니컬하게도 때론 연결되고 있지만 연결되고 있지 않은 듯한 상황이 연출되고 있다. 만약 스마트폰이 불통이라면, 현대인은 사회적으로 고립되어 있다고 느낄 것이다.

이런 상황은 계속 접속하도록 강요하는 사회 전체의 환경과 관련이 있다. 서로 소통할 수 있도록 해 주는 소셜네트워크서비스는 대단한 의사소통 기술임에는 분명하다. 그러나 페이스북과 트위터는 때론 양면적·상호적 의사소통을 형성하기도 하고, 때론 의사 교환의 일방성을 형성하기도 한다. 특히 소셜네트워크서비스를 통해서 왜곡된 정보가 마구잡이로 유포되는 것은 보드리야르가 말하는 비의사소통 혹은 일방적 의사소통을 초래한다.

보드리야르는 분명 매체 자체가 비의사소통 양식 혹은 일방적 의사소통 양식이라고 말했다. 보드리야르의 이런 입장은 소셜네트워크서비스가 출현하기 이전에는 어느 정도 설득력을 갖고 있었지만, 소셜네트워크서비스 시대에는 부분적으로 수용될 수 밖에 없는 한계를 갖고 있다고 여겨진다. 그러나 의사소통하는 인간의 상호작용이 스크린의 상호작용이 되었다는 것과 의사소통의 불확실성이 의사소통 네트워크의 고도화에서 비롯된다는 그의 주장은 오늘날의 매체와 의사소통과 관련하여 '진정한 의사소통을 향한' 길을 탐색하는 데 하나의 참조 사항이 될 수 있을 터이다.

4장
복제기술, 팝아트와 현대예술

1. 복제기술과 이미지(기호)의 소비

현대 소비사회에서 현대인은 유행처럼 끊임없이 변화하는 문화변용을 경험한다. 보드리야르에 따르면, 이 문화변용은 문화 그 자체가 아니라 문화의 르시클라주recyclage, 즉 '유행에 민감한 것', '무슨 일이 일어나고 있는지를 아는 것'으로 요약된다(SC, 151). 문화변용에 의한 문화의 소비는 어떻게 행해지고 있는가? 보드리야르는 "문화의 소비는 엄밀한 의미에서 문화의 내용과 관계 없을 뿐만 아니라 교양 있는 일반 대중과도 관계 없는 것"(SC, 151)으로 파악한다. 결정적으로 중요한 것은 어느 작품이 수많은 사람에게 영향을 미치거나 감동을 준다는 것이 아니라, 그 작품이 매년 모델이 바뀌는 스마트폰이나 자동차처럼 일시적인 기호나 이미지가 되지 않을 수 없다는 것이다. 왜냐하면 현대 소비 사회에서는 작품이 주기성과 르시클라주의 영역에서 생산되기 때문이다. 이로써 문화가 영속하는 것을 전제로 하는 '창조의 시대는 끝났다'라고 할 수 있다.

보드리야르가 보기에 실제로 문화는 그 생산 양식에서 물질적 재화와 똑같이 현대세계의 현대성과 일상성을 따른다. 보드리야르는 따라서 "문화는 텔레비전 뉴스 프로그램의 가짜 사건이나 광고의 가짜 사물처럼 매체 자체와 코드로부터 생산될 수 있다"(*SC*, 152)라고 강조한다. 이 지점에서 대량 복제기술이 문화를 기호(이미지)로 생산한다는 점을 주목할 필요가 있다.

여기서 문제는 원본original과 매체를 통한 그것의 무한한 복제copy에 있다. 이는 무엇보다 무제한적으로 만들어지는 원본 복제품의 출현과 관련이 있다. 말하자면 복제기술의 등장과 함께 예술이 대량생산의 시대에 들어선 것이다. 따라서 원본 예술작품은 쉽게 대중화되고 수많은 형태로 이용할 수 있게 되었다. 예를 들어 예술작품은 싸구려 책이나 잡지, 전기 스탠드의 갓, 심지어는 아이들 필통을 장식하게 되었다. 그렇다고 해서, 보드리야르의 말대로 복제기술로 인해 예술작품의 '저속화vulgarisation'나 '질의 저하perte de qualité'가 생겨나는 것도 아니다(SC, 160).

특히 예술작품의 고감도 복제기술은 1900년을 전후하여 새로운 수준에 도달함으로써 컬러 복제품의 양산을 초래했다. 이 기술은 책과 잡지의 삽화, 그리고 호텔 객실, 레스토랑, 가정 실내에서 볼 수 있는 위대한 화가의 그림을 복제하는 데 사용되었다.

컬러 인쇄기술 이후, 그래픽 혁명은 모든 장르의 예술에 걸쳐서 대량 복제된 원본 예술작품(원작)을 대중들에게 쉽게 접근할 수 있게 했다. 보드리야르는 기술혁명이 초래한 문화의 보급, 즉 예술작품의 보급과 관련하여 다음과 같이 기술하고 있다.

공장에서 생산된 복제품만이 대중을 즐겁게 하는 것은 아니다. 하나밖에 없는 유일한 예술작품인데도 많은 사람들이 손에 넣을 수 있는 원본 복제품이야말로 대중이 원하는 것이다 (*SC*, 158-159).

컬러 현상기술이 총동원되어 완벽하게 복제된 반 고흐의 「해바라기」는 이탈리아 르네상스 시대 원본의 칙칙함을 단번에 압도해 버렸다. 예술사에서 처음으로 위대한 그림과 유명한 그림이 간단하고 값싼 복제품과 동일하게 간주되기 시작했다고 할 수 있다.

이 점을 주목했던 발터 베냐민Walter Benjamin은 기술복제시대에 접어들면서 예술작품의 아우라 aura가 사라진다고 주장했다. 복제기술의 발달에 힘입어 복제된 대상들은 전통적인 영역에서 멀어지게 되었고, 유일한 존재인 원본은 다수의 사본들로 대체된 것이다. 원본 예술작품(원작)은 이제 아우라나 독창성을 상실하게 되었다. 오히려 복제품이 대중에게 인기를 끌고 있는 셈이다. 이런 문화변용을 통찰한 보드리야르는 "실제로 정육점이나 이발소에 예술작품이, 공장에 추상화가 장식되고 있다"(*SC*, 159)라고 강조한다.

어떤 경우는 복제품이 대중에게 더 큰 즐거움을 줄 때도 있다. 1959년 시카고 미술관에서 열린 고갱Gauguin 전시회 때 벌어진 일인데, 관람객들이 '진짜' 원작이 늘 보아 왔던 복제품보다 덜 밝다고 불평한 적이 있었다. 이런 현상은 원본 예술작품(원작)보다 "진짜보다 더 진짜 같은 가짜"인 복제 이미지에 사로잡히는 데서 비롯된다. 이런 아우라 없는 문화를 퍼뜨렸다고 해서 문화산업이나 이를 조성한 사회를 비난할 수는 없다. 베냐민은 아우라의 붕괴를 긍정적으로 파악한다. 그의 관점에서 아우라의 붕괴는 원작만이 아니라 동시에 지각에도 변화를 가져온다. 인간의 존재방식과 더불어 인간의 지각방식도 역사의 발전 속에서 변화를 겪는다는 것이다. 베냐민의 말대로 "대상을, 그것을 감싸고 있는 껍질로부터 떼어 내는 일, 다시 말해서 아우라를 파괴하는 일"은 바로 현대적 지각의 특성을 이룬다.

왜 예술작품의 부동성과 고유성이 흔들리기 시작했을까? 사실 원본은 세상에 단 하나밖에 없는 유일한 것이기 때문에 그 가치를 매길 수 없고 입에 함부로 올릴 수 없을 정도로 귀중한 것이다. 예술작품은 비슷하게 모방할 수는 있지만 그 자체를 본질적으로 재현할 수는 없다. 그러나 컬러 인쇄기술 시대(19세기), 그래픽혁명 시대(20세기)가 도래하자 예술작품의 부동성과 고유성이 흔들리기 시작했다. 복제기술은 그저 예술을 베끼는 수준을 넘어 거꾸로 예술에 깊은 변화를 가져오는 단계에 이르렀다. 대중이 예술에 접근하려면, 무엇보다 예술작품이 대중에게 이해될 수 있고 거부감 없이 만들어져야 하는 것이다. 예를 들어 '예술이 뭔가요?', '예술은 너무 비싸요', '예술은 나와 상관없어요'라고 말해져서는 안 된다. 보드리야르는 오늘날 예술과 예술작품이 직면해 있는 상황에 대해 다음과 같이 설명하고 있다.

예술작품은 수 세기 동안 단 하나밖에 없는 사물, 특권을 지닌 사물의 계기로서 대중과 격리되었는데, 이제 고립에서 벗어나는 때가 온 것이다(SC, 158).

예술작품에 대한 '대중적 접근'은 이렇게 예술작품의 부동성과 고유성을 희생한 대가로 얻어질 수 있었다. 물론 원본 예술작품(원작)은 언제나 독보적인 지위를 갖는다. 그러나 원본 예술작품(원작)은 대량생산에 쓰이는 염료나 책의 원판과 같은 하나의 기본형(대량으로 찍어 내기 위해 사용되는 틀)에 지나지 않게 되었다. 어떤 측면에서 삶을 풍요롭게 만들어 주는 예술의 본래 목적을 충족시켜 주는 것은 원본 예술작품(원작)이기보다는 외려 복제품인 듯하다. 대중에게 의미 있게 다가오는 것은 미술관에 있는 고흐의 원작 「해바라기」보다는 외려 현대 도시의 삶의 공간에 걸려 있는 복제품 「해바라기」가 아닐까?

그러면 현대 소비사회의 대중문화를 바라보는 보드리야르의 관점에서 고흐의 원작 「해바라기」와 복제품 「해바라기」 사이에서 고흐의 그림이 갖는 의미를 사회문화적으로 살펴보자. 고흐 그림의 의미는 이제 대량복제 자체와 결부되어 있기보다는 오히려 기호(이미지) 교환, 즉 코드라는 유행의 주기 안에서 소비되는 기호(이미지)로서의 고흐 그림에서 생겨난다. 이때 고흐 그림이 복제기술에 의해 제작되었느냐는 탈근대적 논점에서 벗어날 수 있다는 점을 고려해야 한다.

좀 더 구체적으로 말하면, 고흐의 그림은 현대 소비사회의 소비 논리에 따라 도시 쇼핑가의 의복이나 텔레비전 프로그램 혹은 광고에서 엿보이는 일시적인 유행의 코드 속에서 하나의 의미로 소비된다. 따라서 코드는 고흐 그림을 문화의 형식으로 구성하며, 고흐 그림의 의미는 거기에서 나온다. 사람들은 문화를 코드로 인식하고 기호(이미지)로서의 고흐 그림을 소비하는 것이다. 보드리야르의 말대로 오늘날 "예술은 단지 기호나 이미지의 소비에 지나지 않을 수 있다"고 여겨진다.

2. 팝아트: 소비의 예술

보드리야르는 현대예술과 미학, 문화생산의 영역에서 다양한 지적 모험을 시도하면서 현대성을 새롭게 해석하려고 했다. 예술이 매우 중요한 변화의 움직임에 걸려들 때, 그는 아이러니컬한 사유로 앤디 워홀Andy Warhol처럼 변화에 앞서 정면으로 헤쳐 나갈 줄 알았다. 그래서 그의 사유와 이론은 문화예술계의 관심을 집중시키면서 때로는 신랄한 논쟁을 일으키고 때로는 놀랄 만한 충격을 가져오기도 했다.

예술에 대한 보드리야르의 사유는 그 출발점부터 아이러니컬하면서도 독창적이고 매우 분명하다. 『소비의 사회』에서 그는 팝아트의 사회문화적 타당성을 다음과 같이 분석하고 있다.

현대적 사물의 '진리'는 무엇에 쓰인다는 데 있는 것이 아니라 의미작용을 한다는 데 있다. 이것은 도구로서가 아니라 기호로서 조작되는 것이다. 그리고 팝아트의 공적은 기껏해야 이것을 우리에게 사실대로 가르쳐 준 데 있다(*SC*, 180).

보드리야르는 분명 '소비의 논리'를 '기호의 조작'으로 정의하고 있는 바, 팝아트는 '창조의 상징적 가치'를 배제한 채 소비사회에서 범람하는 광고문안, 일상적 사물, 대중스타나 저명인사의 사진을 기호(이미지)로 캔버스에 배치하고 있다. 보드리야르에 따르면 팝아트는 소비사회의 현실을 충실히 반영하는 예술이다. "팝아트의 본질적 특성은 소비사회의 자명성évidence을 인정하는 데, 다시 말해서 사물과 상품의 진리는 바로 그것들의 상표marque라는 것을 인정하는 데 있다"(SC, 177).

이 소비사회에서 가장 매혹적인 사물은 상품이다. 이때 상품이란 "공장의 조립 라인에서 막 나온 기성의 기호"(SC, 177)이며 상표가 그것의 의미를 대신하는 그런 사물이다. 소비사회에서 상표를 갖는 사물은 기호의 조작을 따르는 것을 전제로 한다.

이 지점에서 사물이 기호의 조작을 따를 수밖에 상황을 예술에 관한 담론과 연결지어 살펴보자. 먼저 사물의 지위 변화와 더불어 예술에서 사물의 재현의 역사를 추적하는 일이 선행되어야 할 듯하다. 보드리야르에 따르면 "전통예술에서 상징적·장식적인 역할을 담당하던 사물은 20세기에 접어들면서 도덕적·심리적인 가치의 변동에 따라 변화하기를 중단했다. … 하지만 추상예술의 출현으로 파괴되고 사라져 버린 사물이 구상예술과 팝아트에서 다시 자신의 이미지와 일치하게 되었다"(SC, 174-175). 이것은 '사물의 지위 변화'를 나타내면서 사물이 갑작스레 구상예술과 팝아트가 다루는 주제의 핵심으로 부상했다는 것을 의미한다. 일반적으로 팝아트는 대중적 이미지를 예술의 영역 안에서 사용하고자 했던 구상예술의 한 경향을 뜻한다. 워홀의 말대로 "팝아트는 사물을 좋아하는 것pop art is liking things", 그리고 "사람들이 좋아하는 사물을 만드는 것making things people like"이란 정의도 있다. 여기서 "사람들이 좋아하는 사물을 만드는 것"은 바로 이미지와 기호의 조작이다.

보드리야르가 이렇게 이미지와 기호의 조작을 소비의 논리에 근거하여 이해할 때, 그에게 팝아트는 '소비의 예술'이자 '소비 대상'이 된다. "팝아트는 그 자체가 무조건적인 사물이 됨으로써 사물의 세계를 다른 상태로 바꾸어 놓"(SC, 175)기 때문이다. 달리 말하면 소비의 논리는 예술의 재현에 전통적으로 부여하는 고유한 지위를 인정하지 않고 사라지게 한다. 좀 더 자세히 설명하면 예술에서 사물의 본질인 실재가 이미지보다 특별히 우월하지 않다는 것이다.

여기서 주목할 만한 것은 사물과 이미지가 동일한 논리적 공간 안에서 공존하는데, 이때 차이표시적·조합적 관계를 지니면서 기호로서의 역할을 한다는 점이다. 팝아트 이전의 모든 예술이 초월성에 근거했던 반면, 팝아트는 기호의 내재적 질서에 동화하려 한다. 요컨대 이미지(기호)의 산업적·계열적 생산, 환경과 분위기의 인위적·인공적 장치 및 시스템, 사물의 포화상태에 동화하려 한다.

보드리야르가 보기에 팝아트는 숭고함과 고유성을 상실한 예술, 즉 순전히 이미지와 기호의 조작에 근거하는 예술이며, "사물을 창조하지 않고 사물을 생산하는 예술"이다 (SC, 176). 보드리야르는 팝아트는 과거의 모든 회화의 고고한 분위기이자 신비스러운 개성이었던 '내면적 빛(아우라)'를 상실한 채 '외재성'을 강조하고 '창조적 행위의 종말'을 나타낸다고 주장한다. 팝아트는 소비사회를 구성하는 현대세계에 전적으로 편입되는 것을 지향한다는 것이다.

그러나 보드리야르는 소비사회가 자신의 신화에 매몰되어 자신에 대한 비판적 시각을 갖지 못할 경우 예술의 존재와 실천의 측면에서 소비사회의 자명성과 타협하거나 공모관계를 맺을 때만 팝아트가 존재할 수 있다고 강조한다(SC, 177). 그리고 팝아트의 유머가 예술을 전복시키는 것을 전혀 지니지 못하며, 팝아트의 차가운 미소가 상업적 공모와 전혀 다르지 않다고 지적한다. 이런 현상은 예술의 상업화와 예술의 팽창과 깊은 관련이 있다.

보드리야르가 보기에, 오늘날 예술은 어떤 다른 상업적 거래처럼 투자나 소비 상품을 산출하며, 예술이 어디에나 존재한다는 것이다. 이와 관련하여 보드리야르는 클라스 올든버그Claes Oldenburg의 다음과 같은 구절을 인용한다

상점에 완전히 둘러싸인 나 자신을 상상하면서 나는 새로운 세계를 발견한 듯했다. 마치 상점이 미술관인 것처럼, 나는 온갖 종류의 상점들 사이를 돌아다녔다. 쇼윈도와 판매대에 진열되어 있는 상품이 귀중한 미술품처럼 보였다(SC, 178).

올든버그의 이런 표현은 예술과 일상적 삶(혹은 현실)의 융합을 완벽하게 실현한 워홀의 다음과 같은 예언과 일맥상통하는 듯하다. "모든 백화점이 미술관이 될 것이고, 모든 미술관이 백화점이 될 것이다." 보드리야르의 말대로 "예술이 그 자체를 평범한 것과 더욱 뒤섞음으로 해서 평범한 삶과 다른 것이 아닌 것"이 되고 있는 셈이다.

보드리야르에 따르면 팝아트는 평범함을 추구하는 예술

이고자 한다. 워홀은 이렇게 말했다. "나는 그저 일상적인 것을 좋아한다. 그것들을 그릴 때, 나는 특별하게 그리려고 하지 않고 지극히 평범한 것으로 그리려고 할 뿐이다." 평범함이 숭고함이라는 범주의 현대판인 형이상학적 범주가 아니라면, 그 평범함이란 무엇인가?(SC, 180)라고 보드리야르는 반문한다. 사물은 사용되고 무언가에 쓰일 때만 평범한 것이며, 의미작용을 하는 순간부터 평범하지 않게 된다. 앞서 말했듯이, 현대적 사물의 진리는 이미지와 기호로서 조작되는 것이다.

이 이미지와 기호의 조작으로 일상적 사물을 가장 잘 표현한 예술가는 아마도 워홀일 것이다. 워홀은 광고 디자이너로서 1950년대 뉴욕의 현대미술관(MOMA)에서 두 번의 전시회를 가졌지만, 예술가로서의 그의 첫 전시는 1962년 로스앤젤레스에서 개최되었다. 이 전시에서 워홀은 「캠벨 수프깡통」 시리즈를 슈퍼마켓 상품처럼 진열대 위에 늘어놓았다.

"나는 기계가 되고 싶다I want to be a machine". 워홀의 이 발언은 의미심장하다. 그는 통조림 캔(캠벨수프), 비누를 담은 상자(브릴로 박스) 같은 일상적 사물들, 마릴린 먼로·리즈·엘비스 프레슬리·마오쩌둥·체 게바라처럼 대중매체에 나오는 스타나 저명인사의 사진을 그대로 작품에 사용했다. 게다가 실크스크린 기법으로 같은 이미지를 대량으로 복제했다. 대중문화와 상품의 이미지뿐만 아니라 대량복제 방식까지도 예술에 차용한 것이다.

워홀의 작품에서 우리가 보는 것은 끝없이 반복되는 복제의 이미지이다. 말하자면 하나의 프로토 타입prototype이나 모델model을 복제해 찍어 낸 스테레오 타입stereotype이나 시리즈들series이다. 끝없이 이어지는 이미지의 반복을 통해 워홀은 현대 소비사회를 구성하는 사물의 세계와, 그 안에서 펼쳐지는 이미지의 세계를 증언한다. "서른 개가 한 개보다 낫다.", "나는 그것들이 완전히 똑같은 것이기를 바란다." 워홀의 말에서 베냐민이 말하는 '아우라의 파괴'를 엿볼 수 있다. 워홀은 예술가의 독창성이나 개성을 제거한 대량생산물로서의 예술을 생산하고자 한 것이다.

이로써 워홀은 '독창성'과 '개성'이라는 예술의 전통적 기준을 해체해 버렸다. 그 어떤 것도 예술이 될 수 있는 새로운 시대를 연 것이다. 아서 단토Arthur Danto의 말대로 "예술작품이 이래야 한다는 특별한 방식이 더 이상 존재하지 않는다는 점이 워홀로 인해 분명해졌다."

이 지점에서 워홀의 복제 이미지 속에서 우리가 보는 것은 무엇인가라는 물음이 제기될 수 있다. 그것은 바로 철저하게 소비의 논리나 소비주의적 방식에 따라 변화된 지각의 욕망이다. 워홀은 사물과 지각의 세계를 구성하는 원리가 '시뮬라크르로서의 이미지'에 있음을 예리하게 파악했다.

"나는 섹시한 것을 자꾸 반복하기를 좋아한다.", "나는 지루한 것을 좋아한다. 나는 똑같은 것들이 계속 반복되는 것이 좋다." 사물과 지각의 세계에서 일어난 변화는 일상성과 일상생활에 영향을 미친다. 워홀은 이렇게 말한다. "캔버스는 이 의자나 저 포스터와 똑같이 완전히 일상적인 사물이다. … 이 의자의 일상성이란 엄밀하게 의자가 놓여 있는 맥락이며, 특히 비슷한 또는 약간 다른 모든 의자가 놓여 있는 계열적 맥락이다"(181). 워홀을 깊이 탐구한 보드리야르에 따르면 "일상성이란 반복 속에서의 차이다La quotidienneté, c'est la différence dans la répétition"(181). 워홀은 이미지 반복에 대해 다음과 같이 말한다. "내가 같은 이미지를 반복하기 시작한 것은, 반복이 같은 이미지를 변화시키는 방식을 좋아하기 때문이다." 여기에 표현된 워홀의 사유는 반복을 통해 차이를 생산한다는 들뢰즈의 사유와 일치한다.

그러면 워홀의 복제 이미지의 반복은 보드리야르가 말하는 차이의 생산에 연결되는가? 보드리야르는 "차이의 생산이 극한에 도달하면 반대물로 전화한다"라고 말한다. 반복이 더 이상 차이를 생산해 내지 못하고 동일자의 무한 증식(복제)으로 전락했다는 것이다. 이때 동일자의 무한증식은 자신의 원본과 동일하지 않으며, 결코 같은 것이 아니다. 「캠벨수프깡통」, 「브릴로 박스」, 「80개의 2달러 지폐」를 떠올려 보라. 시리즈적으로 재생산된 작품은 원본성을 상실한다. '원본 없는 복제.' 워홀은 바로 이런 시대를 증언한다. "반복이 같은 이미지를 변화시키는 방식을 좋아한다"라는 워홀의 표현은 들뢰즈의 '차이와 반복', 보드리야르의 '동일자의 무한증식' 둘 다에 연결되는 듯하다.

실제로 워홀의 복제 이미지는 자세히 살펴보면 작품의 경우에 따라 미세한 차이가 난다. 워홀의 이미지는 반복될 때마다 대체로 해상도가 떨어지는 경향이 있다. 말하자면 "워홀의 이미지가 반복될수록 모델의 실재성은 희미해진다." 반복되는 그의 이미지를 보면, 보드리야르의 말처럼 실재가 이미지의 안개 속으로 사라지는 듯하다. 이렇게 사라진 실재의 자리에 남는 것은 반복되는 복제 이미지뿐이다.

보드리야르에 따르면 '차이와 반복', '차이의 생산'은 바로 '유희jeu'와 '조작manipulation'에 연결된다. 보드리야르는 "팝아트는 지각의 여러 수준에서 유희와 조작으로 정의될 수 있다"(182)라고 강조한다. 여기에 덧붙여 "팝아트의 논리는 미적 가치의 평가와 사물의 형이상학과는 다른 곳에 있다"(182)라고 주장한다. 보드리야르의 이런 주장에서 주목해야 할 것은 팝아트의 미적 가치를 과연 제대로 평가할 수 있느냐라는 점이다.

3. 현대 소비사회와 초미학

보드리야르에 따르면 현대사회는 소비사회이며, 소비의

예술인 팝아트는 현대예술의 한 갈래이다. 현대성을 예리하게 분석하는 보드리야르는 현대세계가 얼마만큼 하이퍼리얼하고 초미적인지를 보여 준다. 그는 오늘날 미적인 것의 범주는 자체의 특성을 상실하고 일반화의 절정에 이르고 있다고 지적한다(TM, 17). 그는 "모든 것이 미적인 것이 될 때, 그 어떤 것도 더 이상 아름답거나 추하지 않다. 예술 그 자체는 사라진다"(TM, 19)라고 말한다. 이 역설적인 사태는 예술 자체의 한계를 넘어선 과잉과 확산으로 인해 예술 자체를 부정하고 사라지게 한다. 말하자면 미적인 것이 한계점에 이르면, 그것은 더 이상 미적 특성을 지니지 못하고 사라진다. 보드리야르는 이 역설적인 사태가 일어나는 현상을 '초미학transesthétique'이라 부른다.

그러면 왜 초미학 현상이 일어나는지 구체적으로 살펴보자. 보드리야르는 현대세계를 '암의 증식'에 비유한다. 그에 따르면, 오늘날 예술도 도처에서 증식하며, 예술에 관한 담론은 점점 더 빨리 순환하고 확산되고 있다. 팝아트를 포함한 현재의 예술은 미적 가치의 생산과는 구별되며, "다소 유희적으로 혹은 아이러니컬하게 모든 형태, 즉 과거의 형태, 유사한 혹은 차이나는 형태, 심지어 현대적인 형태(새로운 기하학, 새로운 표현주의, 새로운 추상, 새로운 구상)의 혼합은 기이하게도 무관심 가운데 공존한다.

이 모든 경향이 동일한 문화 공간 안에 공존할 수 있는 것은 그것들이 더 이상 자체의 고유한 특성을 갖지 않기 때문이다. 달리 표현하면 보드리야르의 말대로 "모든 형태는 미적 차원을 지니며, 모든 공간은 재현적 혹은 반재현적 가능성이라는 미적 대향연에 둘러싸여 있"(TM, 22)기 때문이다. 여기서 표현된 '미적 대향연'은 미적 범람 혹은 미적 포화상태를 나타낸다.

팝아트와 관련하여 보드리야르는 "팝의 활동은 우리의 미적 감정과는 거리가 멀다. 팝은 '차가운' 예술이다. 팝은 미적 황홀경extase esthétique, 감정적·상징적 합일(깊은 관련)을 요구하는 것이 아니다"(SC, 184)라고 강조한다. 이런 의미에서 "예술은 사라졌다. … 더 이상 근본적인 규칙도, 판단의 기준도, 쾌락의 기준도 없다"(TM, 22)라고 보드리야르는 역설한다. 보드리야르의 이런 역설은 현대의 예술세계가 기이한 양상을 드러내는 것과 관련이 있다. 이는 예술세계가 예술의 움직임의 정지(stase)에 의해 파악되는 듯하다. 말하자면 "현대예술의 모든 움직임 이면에는 일종의 무기력, 즉 그 자체를 초월하지 못하고 점점 더 빠른 순환 가운데 그 자체로 되돌아가는 것이 있다"(*TM*, 23).

『소비의 사회』에서 보드리야르는 이미 팝아트 분석을 통해 이런 현상이 생겨나고 있음을 지적했다.

팝아트는 그림이 그려진 사물에 대해 판단하는 것인지 그림 그 자체에 대해 판단하는 것인지 알 수 없는 조롱하는 미소를 불러일으킨다. … 여기에는 작품을 어떻게 해석하면 좋을지 모르기 때문에 생기는 수치스런 난처함도 어느 정도 섞여 있다(*SC*, 185).

이는 바로 보드리야르가 말하는 팝아트, 즉 현대예술의 '패러독스'이다. 보드리야르의 표현을 빌리면, 그것은 "예술의 생생한 형태의 정지stase, 그리고 동시에 증식, 한술 더 뜨기surenchère, 이전의 모든 형태를 따른 다양한 변화"(*TM*, 23)이다. 여기서 보드리야르는 예술의 정지가 있는 곳에 또한 암의 전이처럼 예술의 전이métastase가 있다고 말한다. 마치 세포들이 무질서 가운데 무한히 증식하듯이, 팝아트를 포함한 현재의 예술의 무질서 가운데 미적인 것과 비미적인 것의 경계가 무너지면서 모든 것이 미적인 것이 된다는 것이다.

사실 미적 개념의 해방을 통해, 현대 소비사회는 일반적 미학화를 초래했다. 일반적 미학화를 지향하는 반예술 운동은 마르셀 뒤샹Marcel Duchamp이 변기나 병걸이를 들여오고, 워홀이 캠벨수프깡통이나 브릴로 박스를 들여온 후 실현되었다. 보드리야르의 말대로 "세계를 완전히 산업적으로 조직함으로써 세계는 미학화되었으며, 세계를 완전히 무의미하게 만듦으로써 세계는 미학에 의해 변화하게 되었다." 이런 현상은 바로 보드리야르의 '초미학'에 연결된다고 할 수 있다.

이 초미학과 관련하여, 보드리야르는 뒤샹을 초미학의 선구자로 평가한다. 미적 규칙을 거부면서 뒤샹의 예술이 초미학 혹은 이미지의 평범함으로 변형되었다는 것이다. 프랑스 퀼튀르France Culture 라디오 방송의 인터뷰에서 보드리야르는 이를 다음과 같이 설명한다. "뒤샹의 행위 자체는 극히 적지만, 그로부터 세상의 평범한 것이 모두 미학으로 되고, 반대로 미학은 모두 평범한 것으로 됩니다. 다시 말하면 평범한 것과 미학의 이 두 영역 사이에서, 전통적 의미에서의 미학을 실제로 끝장내는 전환이 이루어지고 있습니다."

보드리야르는 워홀 역시 초미학을 실천한다고 생각한다. 예술의 한계 밖에 머물면서 워홀이 미학을 극단으로 밀고 나간다는 것이다. 말하자면 워홀은 미학을 그 자체가 더 이상 미적 특성을 갖지 않고 반대 방향으로 뒤집히는 곳으로 밀고 나가, 우리를 예술과 미학으로부터 해방시키고자 한다는 것이다. 워홀의 작업은 예술과 미학의 개념 자체에 대한 도전이다. 그래서 워홀은 "이미지를 통한 실재의 사라짐과 이미지가 모든 미적 가치를 끝내는 이미지의 한술 더 뜨기"(*CP*, 117) 전략을 추구한다. 말하자면 워홀은 실재의 자리에 들어선 이미지 세상을 꿰뚫어 보면서 철저하게 피상성을 긍정적으로 수용한다. "당신이 앤디 워홀의 모든 것을 알고 싶다면, 그냥 내 그림과 내 영화의 표면을 보고, 그리고 나를 보라. 그러면 거기에 내가 있다.", "그 뒤에 뭐가 숨겨져 있나 궁금해 하지 말고 그저 피상만 보라." 여기서 표현된 '표면'과 '피상'은 추상적 표피인 이미지를 나타낸다.

여기서 한 걸음 더 나아가 워홀의 작품 시리즈 중 마릴린 먼로 이미지 사진에다 실크스크린 기법으로 만들어 낸 작품 「마릴린 먼로」 시리즈를 떠올려 보라. 마릴린 먼로의 실재는 사라지고 '복제의 복제'인 '시뮬라크르로서의 이미지'만을 볼 수 있을 뿐이다. 사실 워홀에게는 이미지와 시뮬라크르의 잠재적 상승과 동시에 '가치의 잠재적 상승'이 문제이다.

보드리야르는 이 '가치의 잠재적 상승'을 주목한다. 여기서 가치가 상승한다는 것은 가치의 법칙이 더 이상 존재하지 않는다는 것을 나타낸다. 가치의 잠재적 상승의 가장 좋은 예는 분명 현대 소비사회의 예술 시장일 것이다. 과거의 예술은 미적 가치가 상승하기 이전의 대상, 그리고 미적 가치를 추구했다. 하지만 보드리야르가 보기에 오늘날 예술은 그 자체에서 벗어나고 그 자체를 부정하려고 한다. 이를 구체적으로 설명하면, 예술이 미적인 것을 극단적으로 추구하게 되면 미적인 것 자체를 벗어나거나 초월하여 나아가면서 미적 가치를 파괴하고 미적 가치를 판단할 수 없는 상태에 도달하게 된다. 달리 말하면 극도로 증식하고 확장되는 다른 가치들처럼 미적 가치도 곤경에 처하게 되는 상황에 이르게 된다. 우리가 논의하는 초미학은 바로 미적 가치를 판단할 수 없는 이런 현상을 가리키는 개념이다.

이 초미학 개념을 둘러싸고 예술의 영역에서 미적 가치의 모든 논리와의 단절과, 예술 시장에서 상업적 가치의 모든 논리와의 단절 사이에는 어떤 필연적인 관계가 존재하는 듯하다. 예술에서 똑같은 열광과 광기, 과잉은 미적 판단을 할 수 없음과 관련이 있다. 보드리야르에 따르면 "가치는 가치 판단의 부재 속에서 급등한다. 이것이 바로 모든 의미에서 가치의 황홀경extase de la valeur이다."

이 가치의 황홀경은 보드리야르가 말하는 가치의 자연적 단계(사용가치)·상업적 단계(교환가치)·구조적 단계(기호 가치) 다음에 오는 가치의 프랙털적 단계stade fractal, 즉 가치의 바이러스적 단계에 연결되는 것이다. 이 최종 단계에는 오로지 가치의 전이와 증식만이 있을 뿐이다. 엄밀히 말해서 이와 같은 전염과 연쇄반응이 모든 판단과 평가를 무효화하기 때문에 우리는 더 이상 가치라는 말을 사용할 수 없게 된다. 따라서 가치의 판단과 평가는 불가능해질 수 있다.

이런 논리에 비추어 보면 우리에게 미적 망상에서 벗어나게 하는 것은 보드리야르의 초미학적 비전인 듯하다. 보드리야르는 현대예술과 미학에 대해 다음과 같이 설명한다.

> 우리는 극단적인 미학이나 초미학 속에 있다. 우리의 예술에서 미적 일관성이나 운명을 찾아내는 것은 소용없는 일이다 (*TM*, 25-26)

보드리야르는 "오늘날 예술의 기능은 미학을 넘어서거나 미학을 위반하는 것"라고 말한다. 사실 보드리야르의 지적처럼 현대 소비사회에서 미학은 광고와 미디어 속에, 일상과 사물 속에, 신체와 패션 속에 있기 때문이며, 미적인 것은 미술관에서 예술작품이 가장 잘 보이는 곳에 있지 않아도 되기 때문이다. 이제 '초미학'이라 불리는 이 세계에서, 예술은 더 이상 유보된 지위를 갖지 못하는 듯하다. 초미학화된 세계는 미디어와 정보와 일상적인 것을 미학화하는 세계이며, "사회 전체에 가치를 퍼뜨리기 위해 오히려 가치를 탈취한 세계"이다. 따라서 팝아트를 포함한 현대예술에서 이런 세계가 형성되는 것은 보드리야르가 앞서 말한 역설적인 사태가 일어나는 현상, 곧 초미학 현상을 나타내는 것이다.

5장
미래의 소비를 향하여

비대면 소비, 가상의 소비

보드리야르의 말대로 현대는, 정보는 점점 더 많아지고 의미는 점점 더 사라지는 시대, 곧 기술문명의 시대다. 현대사회의 소비자는 다양한 미디어와 플랫폼에서 획득한 정보를 더욱 더 신뢰하기 때문에 사람보다 기술 혹은 시스템에 의존하는 분위기가 사회 문화 전반에 확산되는 추세다. 바야흐로 기술문화가 현대인의 일상생활을 지배하고 있다.

기술문화가 지배하는 현대사회에서 소비라는 경제활동

은 어떤 양상을 띠고 있는가? 전통적인 사람과 사람 사이의 관계에서 사람과 기술 사이의 관계로 옮겨 가는 양상을 보인다. 인공지능·가상현실·사물인터넷·로봇·빅데이터와 같은 기술을 통해 소비 과정들이 서로 연결되고 있기 때문이다. 이러한 연결로 소비 방식이 바뀌며 새로운 소비 형태가 구성된다. 다시 말하자면 새로운 기술과 플랫폼에 의한 연결성, 온라인과 오프라인을 가로지르는 디지털 연결성 혹은 연결망이 기존의 소비 형태를 완전히 새롭게 바꾸어 놓은 것이다. 보드리야르가 『소비의 사회』에서 논의한 바 있는 미디어와 광고를 통해 획득한 정보를 기반으로 소비자들이 주로 오프라인 매장에서만 직접 제품을 구입했던 것에 비하면 소비 방식의 엄청난 변화이다.

특히 페이스북, 트위터, 인스타그램 등 스마트폰이나 인터넷을 통해 현대인들은 소비에서 비대면 소통을 적극 활용하고 있다. 이로써 소비 방식은 자연스럽게 비대면 방식으로 전환되고 있다. 스마트폰이나 인터넷으로 언제 어디서나 연결되고 소비 가능한 사회에서 비대면 소통과 비대면 소비가 현대인들의 관심을 끄는 이유는 무엇인가? 구체적인 예를 들어 설명하면 홈쇼핑이라는 가상의 공간에서 그들은 더 쉽고 빠른 구매를 통해 즉각적인 만족을 추구하려 하기 때문이다. 그들은 또한 디지털 연결망이 확장되고 소통이 즉각적으로 이루어질수록 지금 이 순간의 행복을 누리려 하기 때문이다. 이 대목에서 '생각하는 이성'보다 '갖고 싶은 욕망'이 앞서는 현대인을 단적으로 표현한 바바라 크루거Barbara Kruger의 말 "나는 쇼핑한다. 고로 존재한다 I shop therefore I am"가 문득 떠오른다.

그러나 여기서 문제시되는 것은 즉각적인 욕구에 의한 소비다. 현대인들은 비대면 소비에서 '가상의 디지털 이미지'로 포장된 제품이나 상품을 무의지적으로 구입한다는 사실을 잊고 있는 듯하다. 비대면 소통이 즉각 이루어지는 만큼 원하는 것을 지금 바로 소유하려는 욕구의 함정에 빠져들어 제품이나 상품의 '실재'를 의심하려 하지 않는다는 것이다.

보드리야르가 『소비의 사회』에서 분석하는 이미지는 시뮬라크르로서의 이미지이지 가상의 디지털 이미지가 아니다. 물론 오늘날의 사회도 보드리야르가 탐구한 『소비의 사회』의 연장선상에 있는 것은 사실이다. 그러나 오늘날의 소비 방식과 소비 형태는 1970년대의 그것들과는 매우 다르다. 오늘날 사람들은 가상의 디지털 시대를 살아가고 있다. 아날로그에서 디지털로의 이행은 현대의 일상생활과 소비 문화에 획기적인 변화를 초래했다. 앞서 언급한 비대면 소비란 바로 가상의 공간에서 행해지는 소비를 가리키며, 이런 소비는 디지털 이미지의 소비에 연결된다.

그러면 가상이 만들어 내는 디지털 이미지란 무엇인가? 디지털 이미지는 완벽한 조작과 합성이 가능한 이미지이다. 보드리야르는 디지털 이미지에 대해 다음과 같이 기술한다. "디지털 이미지는 스크린에서 바로 생겨난 이미지로서, 스크린에서 생겨난 다른 모든 이미지들의 무리 속에 잠겨 버린다. 디지털 이미지는 흐름의 계열에 속하고, 기기의 기계적인 조작 기능에 갇혀 있다"(*PTD*, 24).

어떻게 보면 보드리야르의 말대로 현대인들은 "기술적 조작에 의해 단순해지고 있다. 이러한 단순화는, 현대인들이 디지털 기술의 조작에 이르게 되면, 어떤 미친듯한 흐름을 탄다"(*PTD*, 44)고 할 수 있다. 여기서 눈여겨보아야 할 것은 보드리야르에게 새로운 기술에 의해 실현되는 가상은 전혀 새로운 세계라는 점이다. 가상은 디지털, 디지털 이미지, 스마트폰, (사물)인터넷, 인공지능, 빅데이터 등으로 이루어진 세계이다. 가상의 공간에서 인공지능과 빅데이터를 이용한 소비 트렌드를 이끌어가는 온라인 패션 쇼핑 사이트 스티치 픽스Stitch Fix는 이런 세계를 잘 반영한다. 이로써 '미래의 소비'는 스티치 픽스 같은 가상의 소비의 연장선상에 있게 될 거라고 예상된다.

가상은 세계를 디지털화하고 코드화할 수 있을 뿐만 아니라 모든 기능을 조작화하고 네트워크화할 수 있다. 이는 디지털 기술 속에서, 조작적 세계 속에서 오늘날 어떤 이미지도 가능한 이유이다. 따라서 현대인들은 기술문화가 만들어 내는 디지털 이미지를 통해 거시적으로는 세계를 바라보는 새로운 관점을 형성하는 동시에 미시적으로는 일상생활에서 가상의 소비 문화를 새롭게 통찰하는 것이 필요하다고 여겨진다.